나는 기독 청년,
교회는 안 가요

나는 기독 청년, 교회는 안 가요

2025년 3월 31일 처음 펴냄

지은이   서도원
기획   도지개
펴낸이   김영호
펴낸곳   도서출판 동연
등록   제1-1383호(1992. 6. 12)
주소   서울시 마포구 월드컵로 163-3
전화/팩스   (02)335-2630 / (02)335-2640
이메일   yh4321@gmail.com
블로그   https://blog.naver.com/dong-yeon-press

ISBN 978-89-6447-091-6 03230

| 도지개 기획 ❸ |

나는 기독 청년,
교회는
안 가요

서도원 지음
도지개 기획

동연

몸으로 쓴 책, 독서가 즐겁다

나는 삶이 녹아 있는 연구를 접할 때 감동을 받는다. 특히 학위
논문이 그렇다. 학위논문은 대개 연구자로서 글쟁이의 삶이 아직
본격적으로 시작하기 전일 경우가 많다. 물론 이미 짧막한 글을
쓰는 기회가 적지 않았을 수 있다. 하지만 제법 긴 시간 동안, 많은
시간과 노동이 집약된 글은 대체로 학위논문에서 시작한다. 연구
자는 거기서부터 글로 세상과 소통하는 일이 평생 계속될 것이다.

서도원을 처음 만난 곳은 아마도 "행복커피"였을 것이다. 내겐
최고의 커피숍이다. 그곳에서 나는 커피 맛에 취하고, 그 취기에
너무 많은 말을 쏟아낸다. 그런데 아마도 그곳에서, 나는 서도원
의 말에도 취했다. 그는 커뮤니케이션학을 공부하는 대학원생인
데, 석사논문으로 '가나안성도'에 대해 쓰고 있다고 했다. 흥미롭
게도 그는 떠돌이 신자를 뜻하는 이 용어에 대해 나와 유사한 생각
을 하고 있었다.

'안 나가'라는 말을 역순으로 읽은 데서 유래한 '가나안성도'론
속에는 대체로 부정적인 뉘앙스가 노골적으로 혹은 은연중 깔려
있다. 해서 그들이 변하든 교회가 변하든 떠돌이들이 교회에 대한

신실함을 회복하여 정착 신자로 되돌아가야 한다는 것이 이 논의의 일반적인 강조점이다. 한데, 그런그런 통설의 뉘앙스와는 달리, 서도원은 떠돌이 신자의 주체를 이야기하는 데 초점이 있었다. 어떤 이유로든 떠돌이 신자로 살게 되는 이는 '장소로서의 교회'라는 장벽을 넘는 행위를 통해 새로운 신앙의 성찰에 이를 수 있다는 문제의식을 갖고 있었다.

그것은 교회라는 장벽이 함축하는 종교 간의 장벽, 종교와 사회의 장벽, 이데올로기의 장벽 그리고 온갖 혐오와 차별의 장벽을 월장하는 체험이다. 그것을 통해 신앙은 새롭게 주체화될 수 있다. 가나안성도로서의 주체는 그렇게 형성되어 간다. 이미 그렇게 형성되었다는 것이 아니라 끊임없는 월장 행위를 통해 형성되어 가는 주체다. 그런 점에서 그것은 단단한 주체가 아니라 '유동하는 주체'다. 서도원은 아마도 이런 가능성 속에서 가나안성도를 상상하고 있다.

한데 그의 말에 더욱 취했던 것은 이것이 자신의 이야기이기도 했다는 점 때문이다. 자발적인 것은 아니었지만 어쨌든 그는 떠돌이 신자가 되어야 했다. 그 사정을 속속들이 얘기하지 않았지만, 필경 방황의 시간이 한여름 엿가락 늘어지듯 지리하게 어물거렸겠다. 섣부르더라도 마구 이리저리 달려대는 청년의 시간답지 않았겠다. 필경 떠돌이로서 신자됨을 찾고자 발버둥쳤겠다. 그런 사투가 논문의 행간 밑바닥을 흐르고 있다.

논문은 자신의 이야기였던 그것을, 비슷한 체험의 다른 청년들의 이야기 속에서 추적해본다. 그런 점에서 논문 속에 수많은 이들과의 인터뷰는 자기 자신을 인터뷰한 것이기도 했다. 타인과 자신이 뒤섞이는 것에서 청년 가나안성도들의 방황과 그 안에서 희미하게 채색되어 가는 주체라는 것의 흐름을 어렴풋하게 읽어 낸다. 경계를 이리저리 넘나드는 자의 신자됨, 그 주체화 과정이 이 논문이 탐구하려는 요체다. 나는 그렇게 그를, 그의 논문을 읽었다.

2천년대 전후, 한국개신교는 거대한 전환의 시간이 맞았다. 그 변화의 기저에는 사회적으로 이른바 'IMF 관리체제'를 경유하면서 거칠게 밀고 들어온 신자유주의가 있었고, 군사독재 치하에서 시작되고, 세계화 시대에 변형된 결과를 초래한 강남권 도심재개발 프로젝트가 있었다. 극한적인 비대칭 사회로 공간이 재구축된 곳을 중심으로 개신교는 거대한 전환의 동력을 최대출력으로 가동했고, 그 동력은 신자유주의와 접속된 신앙을 향해 급발진했다.

이런 개신교의 거대한 전환은 한국 사회 형성의 결과이기도 하지만 동시에 다시 한국 사회를 재구축하는 주요 요인으로 작용하기도 했다. 그런 복잡한 논의를 여기서 더 길게 얘기할 수는 없다. 그런데 서도원의 글과 관련해서 주지할 것은, 이러한 거대한 변환이 신자들의 대규모 이동을 통해 나타났다는 점이다. 강남권의 일부 교회로의 대규모 이동('이동 A')이 그 하나다. 또 다른 이동으로 주목할 것은 개신교계 소종파인 신천지로의 이동('이동 B')이다. 한데 다른 이동, 즉 '이동 C'도 있다. 그것은 떠돌이 신자 현상으로 나타났다. 앞의 두 이동은 다른 곳으로 수렴(convergence)하는 현상이라면, 세 번째 이동은 발산(divergence) 현상이다. 해서 '이동 C'는 연구에서 새로운 패러다임이 필요하다. 나는 그런 시도의 하나로 서도원의 논문을 주목한다. 해서 '이동 A'와 '이동 B'를 통한 신앙적 주체를 읽는 것도 중요하지만, '이동 C'는 주체에 관한 새로운 문제 설정이 요구된다. 그리고 그것이 미치는 효과라는 차원에서 앞의 둘은 현재를 해석하는 데 유용하지만, 세 번째는 현재뿐 아니라 미래를 읽는 시금석이 될 수 있다.

그런데 몇몇 교회들로 이런 떠돌이 신자들이 출몰하고 있다. 즉 떠돌이다운 '드나듦' 현상이 있다. 이런 교회들은 미래로의 가능성을 어떤 식으로든 내포하는 교회들이다. 물론 그 교회들은 현재라는 시점에서 요구되는 개혁의 깃발을 높이 세우고 있지만 말이다. 해서 이들 교회들은 '문제적 정착 신자'로서 교회를 함께 구축하고 있는 이들과 그 깃발을 강렬하게 흔들며 적폐와의 치열한 일벌을 벌이고 있다. 한데 이런 대열에 끼어들기도 하면서도 동시에 낯설어하는 이들이 그런 교회들 언저리에 출몰한다. 바로 적폐와의 전쟁으로 해석된 시간을 따라 걸으면서도 완전히 합류하지 못하는 '배회자'(flaneur)가 된 떠돌이 신자들이다.

서도원은 이런 배회 현상에서 '횡단하는 자의 다른 문제의식'을 발견하고 있다. 그런 점에서 떠돌이 신자의 주체화 과정은 새로운 패러다임의 흔적을 담고 있다. 해서 그것은 새로운 탐구의 영역이다. 나는 서도원에게서 그런 새로운 탐구의 가능성을 보았

다. 하여 나는, 그의 말에, 그의 논문에 취했다. 하여 나는 책으로
나온 그의 논문에 독자들도 한껏 취했으면 좋겠다.

김진호
(제3시대연구소 이사)

머 리 말

'가나안 성도'. 이 용어는 '교회를 출석하지 않는 개신교인'이라
는 의미에 비해 상당히 가벼운 표현이다. 정확한 유래는 알 수 없
지만, 교회를 '안 나가'는 신자라는 말장난에서 사용되고 유통되었
기 때문이다. 경전에서 가나안이라는 지명을 공유함에도, 가톨릭
에서는 이들을 '냉담자'라고 부르는 것을 감안하면 이러한 특성이
더욱 도드라진다. '냉담자'는 자신의 의지대로 교회를 거부하는 사
람처럼 보이지만, '가나안 성도'는 어딘가 미숙하고 방황하고 있으
며, 중요한 것을 놓치고 있는 존재를 상상하게 한다.

이 차이는 매우 중요한 차이이다. 누군가는 '가나안 성도'라는
용어를 자조적으로 사용할 수도 있고, 누군가는 세태를 풍자하면
서 사용할 수도 있으며, 누군가는 그저 유쾌하게 이들을 부르는
데 사용할 수도 있다. 그러나 그 용례가 어떠하든 가나안 성도라
는 용어는 정상적인 신자의 태도가 결여된 비정상적 존재를 가리
킨다. 즉, 성도라면 교회를 출석해야 하는데 그렇지 않게 된 계기
나 태도가 있을 것이라고 상상하게 하는 것이다.

이러한 맥락에서 교회는 청년 가나안 성도들에게 "왜 교회 밖
으로 나갔는지" 묻는다. 그리고 이어지는 교회의 반응은 크게 두
가지로 나눌 수 있는데, 하나는 청년 가나안 성도들을 비판하는
것이고, 다른 하나는 그들이 교회를 떠난 사건을 통해 반성하는

것이다. 때로는 두 가지의 반응이 같이 나오기도 한다. 이는 청년 가나안 성도가 교회를 떠나게 된 사건의 중대성을 통해 이들을 이해하면서도 해당 사건을 특정 교회의 특수한 문제라고 규정하고, 전체 교회의 품으로 청년 가나안 성도를 다시 끌어들이려는 목적이다. 결과적으로 청년 가나안 성도는 종교성이 없는 존재로 그려지고 회복되어야 할 대상으로 여겨진다.

그러나 오늘날 중요한 질문은 그들이 "왜 교회 밖으로 나갔는지"가 아니다. 그들이 교회를 출석하지 않음에도 불구하고 "왜 아직 기독교인으로 남으려 하는가"를 물어야 한다. 제도 종교의 청년 수는 지속적으로 감소하고 있으며, 이들이 속한 '세상'에서 종교가 없는 것은 크게 흠이 되지 않는다. 그럼에도 청년 가나안 성도들은 스스로를 기독교인으로 정체화하고 살아간다. 모종의 사건을 통하였든, 특정 계기 없이 교회를 떠났든 더 이상 교회를 출석하지 않음에도 스스로를 기독교인이라고 생각한다면, 이들은 어떤 종교성을 가지고 있는 것일까? 이 책은 이와 같은 질문에서 시작되었다.

글을 시작하기 전에 이 책의 목적이 교회의 모순을 지적하고 가나안 성도를 옹호하기 위함이 아님을 분명히 밝히고자 한다. 질적 연구 방법을 사용한 이 연구가 전체 가나안 성도를 지시할 수 없을뿐더러, 위와 같은 목적은 오히려 가나안 성도를 섣불리 일반화하는 오류로 귀결될 수 있다. 이 연구는 이들이 어떤 종교 정체성을 가지고 있으며, 어떤 행동을 하는지 구체적인 사례를 통해 이들의 종교성을 살펴보고자 하였다. 이러한 탐구의 과정은 변화하는 시대적 종교성의 형태를 보여줄 것이며, 궁극적으로 특정 사건에 함몰되지 않으면서 교회가 오늘날의 청년들에게 무엇을 제공해야 하는지에 관한 근본적 성찰을 도울 것이다.

이러한 맥락에서 이 책은 다음과 같이 구성된다. 먼저 1장에서는 한국 사회에 일반 상식으로 자리 잡은 탈종교 담론을 분석하여 담론이 어떤 식으로 형성되었는지를 살피고, 탈종교 담론이 가나안 성도를 어떻게 그리고 있는지를 확인할 것이다. 그리고 탈종교 담론이 이론적 근거를 삼고 있는 세속화 이론의 여러 양상을 통해 한국 사회에서 세속화 이론이 적합한지, 탈종교 담론과 탈종교 담론이 그리는 가나안 성도의 이미지는 정당한지를 논할 것이다.

2장에서는 구체적으로 가나안 성도가 등장한 역사적 축을 살피며, 이러한 시대상에서 다른 종교에 관한 연구는 무엇이 있는지를 확인하려 한다. 그리고 가나안 성도의 선행연구를 검토함으로써 어떠한 질문이 필요한지 살필 것이다.

3장에서는 종교와 종교적인 것의 개념을 통해 본질적 종교관을 확장하고, 이를 정체성과 연결시킬 수 있는 이론적 자원을 구축하려 한다. 이때 스튜어트 홀의 이데올로기 개념과 윌리스의 간파, 제약 개념은 정체성을 구성하는 이데올로기적 매개를 해석할 수 있는 이론적 자원이 된다.

4장에서는 심층 인터뷰를 통해 도출된 청년 가나안 성도의 종교 정체성이 어떤 특징을 가지고 있으며, 지배 이데올로기와 어떠한 관계를 맺는지 살필 것이다. 특히 윤리성을 중심으로 구축된 청년 가나안 성도의 종교 정체성이 기독교 교리를 어떻게 전유하는지 살핌으로써 이들에 대한 이해를 높이고자 한다.

마지막으로 5장에서는 청년 가나안 성도들의 구체적인 종교적 실천이 어떤 양상을 보이며, 지배 이데올로기적 요소 외 실천에 영향을 주는 것은 무엇이 있는지를 확인하고, 지배 이데올로기에 대하여 저항적 실천을 만드는지, 이데올로기적 제약에 묶이는지를 확인하고자 한다.

이 책은 2021년에 나온 석사학위 논문 "청년 가나안 성도의 시민 윤리적 종교 정체성과 종교문화적 실천: 이데올로기와의 관계를 중심으로"를 기반으로 작성되었다. 이에 안창덕 선생님이 쓰신 『가나안 신자의 종교인류학』(2023) 등 2021년부터 현재까지 가나안 성도에 관해 제시된 논의들을 담지 못한 부분들이 존재한다. 그러나 아직도 종교계 안팎을 넘나들며 가나안 성도를 다루는 연구는 많지 않은바 이 책이 그들의 종교성을 이해하는 데 작은 도움이 되길 희망한다.

마지막으로 전반적으로 부족한 글임에도 불구하고 출판을 제안해 주신 김진호 선생님과 동연출판사에 감사를 드리며, 연구를 지도해주신 이상길, 윤태진, 박진규 선생님과 하나님께 감사 인사를 올린다.

차 례

들 어 가 며

코로나-19는 한국 사회 전반에 중차대한 변화를 야기했다. 그
중에서도 특히 종교계는 코로나-19의 영향을 많이 받은 분야로
알려졌다(김성호, 2020. 5. 13.). 각종 종교 모임은 집합금지 권고를
받았고, 사회적으로도 종교 집단은 코로나-19라는 사회 공동체
의 위기를 극복하는 데 있어 방해자로 인식됐다. 이에 언론에서는
종교의 영향력이 감소하고 대중이 종교를 멀리하는 '탈종교의 시
대'가 도래했다는 기사들이 나왔다(김성호, 2020. 5. 12.; 원철, 2020. 4.
28.). 그러나 탈종교 담론이 생긴 것은 어제오늘의 일이 아니다. 한
국 사회에서 탈종교화에 대한 위기론이 본격적으로 부상한 것은
2015년 통계청의 인구주택총조사가 발표된 이후였다(손원영, 2019).
통계청이 5년마다 실시하는 인구주택총조사에서 종교 인구는 10
년에 한 번씩 조사가 이루어지는데, 2015년 조사에서 역사상 처
음으로 비종교인의 숫자보다 종교인의 숫자가 적었던 것이다. 이
에 종교계뿐 아니라 언론과 학술계에서도 '탈종교'라는 현상을 다
루었고, 이는 하나의 '사회적 사실'이 되었다. 그리고 오늘날, 현재
가 탈종교의 시대라는 것은 보편적 상식이자 하나의 정당한 시대
흐름으로 인식되고 있다(cf. 권오문, 2018; 길희성, 2018).
그러나 현재 한국 사회에서 나타나는 탈종교화 현상은 종교를

가진 사람이 줄었다거나 종교의 영향력이 감소한다기보다는 제도 종교에 속한 사람들이 줄고 있다고 보는 편이 더욱 타당하다(임영빈, 2019). 과거에는 제도 종교에 속하는 것이 개인의 종교성에서도 긍정적인 영향을 미치고 사회문화적으로도 유익을 주었다면, 지금은 제도 종교가 긍정적인 유인을 제공하지 못한다고 생각하는 사람이 늘어나고 있다는 것이다. 실제로 탈종교 담론은 제도 종교인을 조사한 인구 조사 결과에 근거하여 형성되어 있고, 제도 종교의 세력이 줄어드는 것에 대한 우려와 자기반성적 목소리로 점철되어 있다. 학계에서 생산되는 탈종교 담론 역시 기독교 신학이나 불교학 등 제도 종교의 관점을 견지한다. 그렇다면 실제로 오늘날 한국 사회에서 제도 종교가 아닌 종교 자체가 쇠락하고 있는가?

종교가 사회적 영향력을 잃었다는 명제의 진위 여부를 따지기 위해서는 종교에 대한 정의가 필요하다. 하지만 종교가 무엇인가에 대한 질문에 대답하는 것은 쉽지 않은 일이다. 종교사회학의 창시자로 불리는 베버(Max Weber) 역시 종교의 다양한 양태를 의식하며 종교를 일반화하여 정의 내리지 않는다(Weber, 1922). 종교에 관한 정의가 쉽게 합의되지 않았던 이유는 이처럼 종교의 다양한 양태 중에서 사람들이 어떤 측면에 초점을 두는지에 따라 정의가 달랐기 때문이다. 이에 종교에 관한 정의들은 관점에 따라 크게 두 양상으로 분류할 수 있는데, 하나는 본질적 정의이고, 다른 하나는 기능적 정의이다(오경환, 1999; 김종서, 2005).

두 가지 형태의 정의 모두 종교에 대한 지식의 편린을 구성하며, 각기 다른 장단으로 종교 연구를 만들어 간다. 하지만 분명한 것은 오늘날 사회 현상을 분석함에 있어 종교의 기능적 정의가 단순히 비본질적이라고 호도될 수 없다는 점이다. 박진규(2023)가 분석했던 것처럼 비단 제도 종교의 모습이 아니라고 하더라도 오늘의 사회에서 종교적 현상은 강화되었다. 아이돌 팬덤이나 정치인 지지집단의 사회적, 문화적 실천은 종교적 행위를 떠올리게 한다. 대안 사회 공동체나 사회적 소수자를 위한 운동에서도 종교적인 특질이 나타난다. 게다가 사회 현상이 종교적일 뿐 아니라 종교 안에서도 본질적인 특성에서 벗어나는 사례가 발생하고 있다. 기존 종교의 신관이나 초월적 존재로부터 벗어나 다양한 종교적 실천이 만들어지고 있는 것이다. 따라서 오늘날의 사회 현상을 포착하고자 한다면 종교적 기능을 살피는 관점이 필요하다. 그리고 이처럼 종교적 실천이 사회적으로 어떤 역할을 하는지 밝히는 작업은 비단 특정 종교의 성격을 밝히는 것이 아니라 현대 사회의 변화 양상을 포착하는 작업이 된다.

교회에 출석하지 않는 기독교인을 의미하는 '가나안 성도'라는 용어는 근래에 만들어진 개념이 아니다. 누가 처음 이 용어를 사용했는지에 대해서는 명확하지 않지만, 1971년에 「씨알의 소리」를 통해 함석헌은 민중의 종교였던 기독교가 중류 계급의 종교가 되어버렸다며 '가나안'을 거꾸로 읽는 선구자적 모습을 보였고, 이전부터 풍자적으로든 농담으로든 교회를 안 나가는 신자를 부를 때 사용되었다(정재영, 2015). 그럼에도 불구하고 '가나안 성도'라는 용어가 서적이나 논문의 주제로 부상한 것은 고무적이다. '가나안 성도'가 일반적으로 사용된다는 것은 현대 사회에서 종교의 변화 양상을 드러내기 때문이다. 물론 '가나안 성도'가 종교 일반의 변화를 상징한다거나 더 나아가서 사회의 변화를 있는 그대로 재현한다고 해석하기엔 어려움이 있다. '가나안'이라는 용어의 어원이 그러하듯 개신교와 가톨릭, 즉 기독교에 국한된 용어이며 불교나 유교 등에는 정기적으로 종교 시설에 모이는 의례가 존재하지 않는다. 따라서 불교나 유교에서 '가나안 성도'는 의미 있는 기호가 되지 못한다. 하지만 한편으로 종교 의례와 상징적 행위가 뚜렷하게 관찰되는 기독교에서 의례를 벗어나고자 하는 존재들이 생긴다는 것은 오히려 눈여겨볼 만하다. '가나안 성도'를 통해 종교인의 실천이 어떻게 변화할 수 있는지 가시적으로 확인할 수 있기 때문이다. 그리고 이러한 변화는 종교와 사회의 상호관계, 즉 종교의 변화가 사회적으로 어떤 흐름을 만들고 있으며 반대로 사회의 요구가 어떻게 종교적 변화를 만들어 냈는지를 살필 수 있게 해 준다.

하지만 한국에서 연구된 기존의 '가나안 성도' 연구들은 '가나안 성도'가 만들어 내는 다양한 실천과 그들의 종교성을 드러내지 못했다. '가나안 성도'에 관한 연구는 신학, 사회학, 종교학 등 여러 학문 분과에서 진행되었지만, 대다수의 연구에서는 제도 종교, 특히 개신교의 관점에서 '가나안 성도'를 '종교성을 잃어버린 존재'

내지는 '회심하게 만들어야 할 대상', '예방해야 할 대상'으로 그려 냈다. 전통적인 신앙의 결핍이나 일탈자로 바라본 것이다. 심지어 '가나안 성도'를 일반적인 '성도'로 볼 수 있는지 의문을 표하면서 이들을 교회에 정착하지 못하는 '부적응자'나 이 교회, 저 교회를 다니며 기호에 따라 교회를 선택하는 '교회 쇼핑족'으로 그려 내는 경우도 있었다. 그러나 김현준(2017)은 한국 사회의 세속화에 따른 종교 인구의 수적 감소가 종교성의 약화로 귀결되지 않는다며 '가나안 성도'는 탈종교의 상징이 아니라 탈교회를 했음에도 불구하고 종교성을 견지하는 존재라고 이야기한다. '가나안 성도'가 왜 교회를 나갔는지에 초점을 두지 않고 교회를 나갔음에도 왜 스스로를 기독교인으로 정체화하는지 문제 삼는 것이다. 이러한 관점은 제도 종교의 관점에 의해 축소 및 고정되었던 종교성이 무엇인지 고민하게 한다.

이에 이 책에서는 제도 종교의 관점으로부터 거리를 두고, '가나안 성도'가 그들의 방식으로 견지하는 종교성과 '가나안 성도'로서 만들어 내는 문화적 실천에 초점을 두고자 한다. 물론 '가나안 성도'들의 신앙관과 종교성을 규명하는 것은 손쉬운 문제가 아니다. 그들 각자가 제도권 종교에서 벗어나게 된 이유가 다르고 받아들이는 종교적 신념이 다양하기 때문이다. 그러나 이러한 다양성이 오히려 현대 사회와 종교의 관계를 밝히는 데 이정표가 될 수 있다. 각자의 다른 행위 동기와 양상 안에서도 특정한 지향점이 있다면 그들이 만들어 내는 문화적 실천이 어떤 헤게모니와 접합하고 있으며, 현대 사회에서 종교는 어떤 역할을 수행하는지, 종교의 사회문화적 지향점은 무엇인지 알려줄 수 있기 때문이다. 또한 학술적으로도 분과 학문과 연구 목적에 따라 나누어진 관념적 탈종교 연구와 행위자의 경험을 잇는다는 의의가 있을 것이다. 현대 사회에서 종교성을 어떻게 해석할지에 관한 연구는 철학이나 종교학에서 주로 다루어져 왔는데, 이들은 거시적이고 관념적인 차원에서 종교성을 다루기에 구체적인 개인의 실천이 어떠한 방식으로 의미화되는지를 밝히진 못하였다. 반대로 '가나안 성도'의 경험을 다룬 연구들은 대다수가 제도 종교의 관점에서 다루어졌고 종교성에 대하여 입체적인 접근을 하지 못하였다. 따라서 '가나안 성도'의 주관적 경험과 문화적 실천을 탈근대적 종교성에 입각하여 다루는 연구는 관념적인 종교성 개념에 현실감을 불어넣고 사회와 동떨어지지 않은 종교 연구를 가능하게 할 것이다.

1장

세속화 이론으로만
이야기할 수 없는
현재의 상황

1. 탈종교 담론

한국에서 개신교[1] 교회는 세계 역사에 유례가 없을 정도로 급격히 성장해 왔다(김영재, 1998). 특히 한국에 개신교가 들어온 이후 네 번의 급성장 시기가 있었는데, 1907년 '평양 대부흥 운동'[2]은 1905년에 비교했을 때 267.85%의 교세 증가를 만들었으며(한국기독교역사학회, 2011), 1919년에는 3.1운동에서 큰 역할을 감당하면서 개신교에 대한 인식을 바꾸어 놓았다(한국기독교역사학회, 2012). 1950년대에는 미국의 지원을 받으면서 타종교에 비해 유리한 물적 토대를 마련하였고(노길명, 2005), 1960년대에서 1980년대 사이에는 산업화와 도시화의 물결에서 공동체를 마련하며 폭발적인 양적 성장을 맞이했다. 1960년대에 교회 수는 5천여 개였는데

---

1 본격적으로 논의를 전개하기에 앞서 기독교에 관한 용어를 정리하고자 한다. 기독교(Christianity)는 가톨릭(Roman Catholic Church; Catholicism)과 개신교(Protestant Church; Protestantism) 그리고 정교회(Orthodox Church)를 포괄하는 개념이다. 그러나 한국의 개신교와 개신교 신학계에서는 가톨릭과 정교회를 분리하여 개신교만을 기독교로 호칭하는 경향이 있다(은영준, 2019). 이 연구에서는 통합적인 기독교를 기독교로, 개신교는 개신교로 분리해서 기술하고자 한다.

2 부흥 운동은 개신교 신자들의 영성을 고취시키고 불신자들에게 신앙을 가지게끔 만들고자 하는 신앙 운동으로 사도행전 2장에 나오는 오순절 운동을 모티브로 발현되었다. 박명수(2003)는 근대적 복음주의의 등장과 함께 부흥 운동이 출현하였다며, 부흥 운동의 특징으로 자발성과 대중성, 경험주의를 지목한다. 초창기 개신교는 '서양의 종교'로 규정되며 한국인의 심상에 뿌리를 내리지 못하였지만, 자발적으로 신앙을 유지하려는 신앙의 모습이 부흥 운동을 통해 대중적으로 자리 잡으면서 개신교의 교세 확장이 일어날 수 있었다(이창기, 2005).

2000년에는 6만여 개가 되었으며, 교인 수도 60만여 명에서 970만여 명으로 16배가 증가하였다는 조사를 보면 개신교계 세력이 한국에서 얼마나 성장하였는지 확인할 수 있다(이원규, 2005).[3] 그리고 이러한 한국교회의 성장은 전 세계적으로 주목받는 개신교회의 성장 모델이 되었다(정재영, 2008).

그러나 2005년 통계청에서 발표한 인구주택총조사 결과는 한국교회에 충격을 안겨 주었다. 10년 동안 개신교 신자가 1.6% 감소했고, 그중에서 560만 명이 무종교인으로 바뀐 것이다(정재영, 2014; 아래 [표1] 참조). 그리고 2015년 인구주택총조사에서는 무종교인이 600만 명 증가하였지만, 개신교 교인들은 100만 명 정도 증가한 결과가 도출되었다([표1] 참조). 특히 이때 증가한 개신교인 가운데 이단 혹은 사이비[4] 교인의 수가 어느 정도인지 집결되지

---

3 이원규(2005)는 1960년대에서 1980년대 사이에 일어난 한국교회의 급성장을 구체적인 숫자로 확인하는 것은 어려운 일이라고 이야기한다. 각 종교가 자신의 종교 세력을 과시하기 위해 중복 계산 등 집계를 통한 과장이 있었기 때문이다. 실제로 1992년 12월 31일에 문화체육부가 종교 단체들에게 수집한 자료에 따르면 불교인 2천9백만, 개신교인 1천4백5십만, 가톨릭 3백만, 유교인 1천만으로 당시 한국의 전체 인구는 4천4백만이었음에도 불구하고 종교 인구가 6천6백만으로 집결되고 있다. 그러나 2000년대 조사는 정부의 주도로 이루어졌고, 이를 60년대 자료와 비교했을 때 한국교회의 성장을 확인할 수 있다.

4 이단이라는 용어는 개신교에서 '정통(正統) 교리와 행위에서 벗어난 사람 혹은 집단'을 일컫는 단어이고(박문수, 2016), 사이비는 '겉으로 보기엔 비슷하지만, 근본적으로 다르다'는 의미로 이단과 유의어이다. 이 두 단어는 '이단 사이비'라는 합성어로 함께 사용되기도 한다. 그러나 이단이나 사이비라는 단어가 일반적으로 사용되는 것과는 다르게 한국교회에서는 1900년대 초부터 정통과 이단에 대한 시비가 끊이지

않는다는 점과 역사상 처음으로 비종교인의 숫자보다 종교인의
숫자가 적게 나왔다는 점5은 개신교계에서 위기론이 나오게 만들
었다. 이러한 통계가 현대 사회에서 종교의 쇠퇴를 의미할 수도
있다는 말은 교파마다, 개교회마다 자신의 교세 확장을 목표로 삼
았던 개신교계에 더욱 충격을 안겨 주었다.

[표1] 2005 / 2015 인구주택총조사 종교 인구

(단위: 명)

계	47,041,434	계	49,052,389
종교 있음(계)	24,970,766	종교 있음(계)	21,553,674
불교	10,726,463	불교	7,619,332
기독교(개신교)	8,616,438	기독교(개신교)	9,675,761
기독교(천주교)	5,146,147	기독교(천주교)	3,890,311
원불교	104,575	원불교	84,141

않았으며, 무엇을 이단으로 규정할 것인지에 대한 기준 역시 많은 변화가 있었다(성
종윤, 2015). 오늘까지도 개신교 교단을 아우르는 이단의 정의는 명확하게 내려지
지 않았다. 하지만 중요한 것은 이와 같은 명칭이 기존 개신교의 교리를 바탕으로 정통
개신교의 내부와 외부를 경계 지을 때 사용된다는 점이다. 이에 종교학이나 종교사회
학의 경우에는 특정 종교가 개신교 교리에 부합하는지 여부가 아니라 기존 종교와의
연속성과 불연속성을 기준으로 '신종교'라는 호칭을 사용한다(김태연, 2017).

5 한국기독교목회자협의회가 펴낸『한국기독교 분석리포트: 2018 한국인의 종교생
  활과 의식조사』에 따르면 한국의 종교인과 무종교인의 비율은 1998년에 52.8%:47.2%,
  2004년에 57%:43%, 2012년에 55.1%:44.9%, 2017년에 46.6%:53.4%로 나타난다.

유교	129,907	유교	75,703
천도교	34,550	천도교	65,964
대순진리회	45,835	대순진리회	41,176
대종교	3,766	대종교	3,101
기타	163,085	기타	98,185
종교 없음(계)	21,865,160	종교 없음(계)	27,498,715

출처: 통계청, 인구주택총조사

그러나 이러한 위기론이 비단 개신교에서만 출현했던 것은 아니다. 무종교인의 증가 현상은 가톨릭과 불교 등 다른 제도 종교에서도 공통적으로 문제시되었다. 이에 종교 간 수평 이동을 경계하던 한국의 제도 종교들은 입을 모아 탈종교 현상을 우려하는 담론을 생성했다. 그들은 탈종교의 흐름이 이어지면 사람들의 종교 의존성이 낮아지고 혼란스러운 사회에 윤리적 지침이 사라질 것이라고 염려하였다. 탈종교가 비단 제도 종교의 문제가 아니라 사회 전체의 윤리적 문제라고 이야기한 것이다. 그리고 탈종교 담론이 자리 잡은 이후에는 탈종교의 어떤 부분이 문제가 되는지에 관하여는 논의조차 되지 않고 그저 현대 사회의 특징이자 문제점으로 굳어졌다.

하지만 탈종교 담론은 학술 장에서 주요 연구 대상으로 다뤄지지 않았는데, 그 이유는 박진규(2009)의 말처럼 종교가 학문 영역, 특히 사회과학 분야에서 주변적 위치에 머물러 있기 때문이다. 종교 인구 통계를 등에 업은 탈종교 담론은 특정 종교 내부에서만 위기감을 조성할 뿐, 종교에 관심이 없는 사람에게는 아무런 영향을 끼치지 못하였다. 따라서 신학이나 불교학 등 특정 교리를 위시하는 학문 외의 사회과학에서는 탈종교 현상을 다룰 필요가 없었으며 지금까지도 탈종교 담론은 주된 연구 주제로 채택되지 못하였다. 그나마 탈종교 현상을 언급하는 연구들은 지금이 탈종교의 시대임을 가정하는 연구가 대부분이었고, 이들은 많은 경우 제도 종교의 관점을 견지하는 기독교 신학과 불교학에서 나왔다(김은혜, 2016; 김상인, 2017; 김정준, 2017; 김은영, 2019; 김용해, 2019; 김성규, 2020). 탈종교를 언급하지만 탈종교 시대를 상정하지 않는 연구도 있었는데, 이들은 많은 경우 다른 학자의 이론을 다룬다거나(우무상, 2007; 전성곤, 2015) 대학 교육이라는 특수한 상황에서의 윤리를 말하는(하상필, 2018) 등 탈종교의 시대에 관한 담론을 다루지는 않고 있었다. 이러한 상황 가운데 임영빈(2019)은 한국의 탈종교화 현상이 인구 조사 결과에 의지하는 것이기에 탈종교화를 종교 자체에 관한 논의로 이해하면 안 된다고 지적하였지만, 이러한 목소리는 크지 않았다. 이와 같은 현상은 지식을 권력 투쟁의 산물로 보았던 푸코(Michel Foucault)를 떠올리게 한다. 푸코는 지식이 보편적 정의의 기제가 될 것이라는 당대의 사고를 부정하면서 지식이 권력의 조건이자 산물이라고 주장하였다(Foucault, 1969/2000). 상이한 주체들이 발화하는 지식의 연결망이 담론의 공간 안에서 펼쳐지는데, 이 담론은 질서를 만들며 권력이 비가시적으로 행사될 수 있도록 구조적 실천을 만든다는 것이다. 그런데 탈종교 담론은 제도 종교 권력에 의해서만 지식이 생산되고 상이한 관점과의 갈등이 없었기에 손쉽게 담론 투쟁에서 승리하였고 그 결과 보편적 상식이자 정당한 시대 흐름이 되었다.

이런 담론 권력은 언론에서 더욱 쉽게 확인된다. 탈종교 담론이 자리를 잡기 시작한 2015년 이후 탈종교 키워드로 검색되는 언론 기사는 372건이었는데,6 그중 221건이 「가톨릭신문」, 가톨릭평화방송, 「평화신문」, 「가톨릭프레스」, 「뉴스렙」, 「뉴스앤조이」, 「데일리굿뉴스」, 「법보신문」, 「불교신문」, 「불교포커스」, 「원불교신문」, 「월간 불광」, 「크리스천투데이」, 「한국기독교공보」, 「현대불교신문」, BBS NEWS, BTN 불교TV와 같이 종교 매체라고 볼 수 있는 언론사7나 「국민일보」, 「세계일보」, 「천지일보」처럼 종교 재단에서 운영하는 언론사8에 의해 작성되었다. 이 기사들은 하

---

6 이 연구에서는 탈종교 담론을 구성하는 언론 기사가 어떠한 양상을 보이는지 알아보기 위하여 네이버가 제공하는 포털의 검색 기능을 활용하였다. 그 이유는 탈종교 담론을 주로 생산하는 주체가 기존의 제도 종교임을 감안할 때, 일간지나 종합지뿐 아니라 특정 종교적 색채를 숨기지 않는 지역지, 인터넷 신문 등의 기사도 포착해야 했기 때문이다.

7 종교 매체란 무엇인지 정의 내리고 어떤 언론이 종교 매체인지 규정하는 것은 쉽지 않다. 그러나 위에서 언급한 매체들은 매체의 이름에서 특정 종교를 표방하고 있거나 메인 홈페이지에 특정 종교를 언급하면서 종교적 관점을 견지하고 있다는 것을 알리고 있다. 이에 이 연구에서는 위 언론사들을 종교 매체라고 표현하였다.

8 종교 매체를 규정하는 것도 어려운 작업이지만, 특정 언론사를 종교 재단에서 운영한다고 표현하는 것은 더욱 어려운 일이다. 현대 한국의 기업은 특정 종교나 특정인

나같이 탈종교 현상을 우려하거나 탈종교화가 지금의 시대적 흐름이라는 기조로 작성되고 있었다. 그리고 다른 언론사에서 작성한 기사들은 종교적 색채를 띠는 언론사의 관점을 그대로 이어받았는데, 특히 종교 전문가와의 인터뷰나 종교인의 말을 인용하며 제도 종교가 해석하는 탈종교 담론을 재생산했다. 이러한 현상이 대표적으로 드러난 기사 주제는 2019년 11월 7일에 있었던 조계종 행사이다. 당시 한국 불교의 최대 종단(宗團)인 조계종은 탈종교의 시대에 불교 위기를 우려하며 한국 불교의 역사상 처음으로 동안거(冬安居)9 수행을 진행하였는데, 37개의 언론사가 해당 사

에 의해 소유되기보다 분할된 지분의 형태로 운영권을 소유하고 있으며, 설령 어떤 종교 재단이 운영한다고 하더라도 해당 종교의 관점을 견지한다고 볼 수 없기 때문이다. 게다가 매체 이름에서 특정 종교를 언급하는 언론사들은 가톨릭, 개신교, 불교, 원불교 등 사회적으로 지지 세력이 많은 제도 종교의 이름을 사용하는데, 「세계일보」나 「천지일보」의 재단은 각각 세계평화통일가정연합(이하 통일교)과 신천지예수교 증거장막성전(이하 신천지)이라는 신종교로 추정되고 있다. 신종교에 대한 사회적 인식이 좋지 않은 한국 사회에서 이들은 자신의 재단이 어떤 종교적 색채를 가진다는 사실을 더욱 숨기고자 하기에 명확한 증거를 통해 해당 언론사와 특정 종교의 관계를 이야기하기는 어려운 것이 현실이다. 그러나 해당 언론사들이 특정 종교에 관한 기사에 온정적인 태도를 보이고 있으며 신문의 창간 과정에서 「국민일보」는 개신교 순복음 계열이, 「세계일보」는 통일교가, 「천지일보」는 신천지가 참여한 과정을 통해 종교 재단과의 관계가 있음을 유추할 수 있다.

9 동안거는 불교에서 승려들이 음력 10월 보름부터 이듬해 정월 보름까지 3개월간 외부 출입을 끊고 참선 수행을 하는 것이다. 당시 조계종 총무원장 원행 스님은 "탈종교의 시대에 불교 위기를 새롭게 극복해 낼 수 있는 커다란 희망을 위례 천막불사에서 찾고자 한다. 상월선원 천막 결사는 우리 불교계와 사회에 던지는 큰 울림이다"라고 강조하였다(박해식, 2019. 11. 7.).

건을 전하면서 조계종 총무원장의 탈종교 우려를 인용하였다.

여기서 발생하는 문제는 탈종교 담론이 제도 종교의 성도 수 감소와 종교성 감소에 대한 구분을 엄격히 두지 않는다는 것이다. 대다수의 경우에는 탈종교를 이야기할 때 직관적인 개념으로 사용하고 탈종교의 의미가 제도 종교로부터 벗어나는 탈교회인지, 종교성을 상실하는 것인지의 구분을 전적으로 수용자의 해석에 맡기고 있다. 이에 탈종교화는 탈제도 종교를 이야기함에도 불구하고 자연스럽게 사회적 차원과 개인적 차원 모두에서 종교성을 상실한다는 세속화의 의미로 이해되는 경우가 발생한다. 제도 종교의 양적 후퇴가 현대인의 질적 종교성의 후퇴로 해석되는 것이다. 그리고 그 결과 제도 종교를 벗어나는 특정 종교계의 문제가 도덕성 상실 등의 사회적 문제로 바뀌게 된다.

탈종교 담론의 문제는 여기서 그치지 않는다. 탈종교 담론에서 '가나안 성도'는 탈종교화에 대한 대표적인 예시로 사용된다. 비단 개신교계뿐 아니라 불교나 가톨릭계에서도 탈종교화를 이야기할 때 '가나안 성도'를 이야기하고 있으며 언론에서도 '가나안 성도'와 탈종교 담론이 결합된 모습을 쉽게 찾아볼 수 있다(신성민, 2017, 7, 13; 류영모, 2019, 10, 3). 학계에서도 이런 모습을 흔히 목격할 수 있는데, 대표적으로 손원영(2019)은 한국 사회가 본격적으로 종교에서 벗어나는 탈종교 시대로 접어들었다면서 '가나안 성도'의 급증을 그 근거로 제시하고, 최영화(2020)는 청년들이 교회를 떠나는 이유를 언급하며 SNS 세대의 종교성 회복을 이야기한다. 그런데 탈종교라는 기호가 비도덕성, 비윤리성, 비정상성을 상징하는 것으로 사용되면서 '가나안 성도' 역시 시대의 흐름에 의해 발생한 부적응자 내지는 도덕적 준거점을 가지지 못한 비정상적 탈종교인으로 인식된다. 이는 '가나안 성도'를 동질적인 전체 집단으로 규정하고, 그들의 다양한 종교적 행위를 보지 못하게 하며, '가나안 성도'가 만들어 내는 다양한 문화적 실천을 획일화된 모습으로 이해하게 만드는 효과를 낳는다.

2. 세속화 논쟁

1) 세속화 이론과 탈세속화 이론

탈종교 담론이 한국 사회에서 지배적인 담론으로 자리 잡은 과정은 비단 제도 종교인의 인구 감소라는 사회 현상, 즉 경험적 근거만으로 설명하기 힘들다. 물론 앞서 살펴보았다시피 탈종교 담론의 근거는 인구주택총조사와 같은 양적 통계에서 생성되었다. 그러나 담론 경쟁에서 승리하기 위해서는 통계와 같은 경험적 자료에 상응하는 논리가 있어야 한다. 그러한 맥락에서 한국의 탈종교 담론은 서구 사회에서 발전해 온 세속화 이론에 이론적 근거를 두고 있다. 다시 말해 양적 자료로 증명되는 경험 자료와 서구 사회에서 인정받은 이론적 근거가 결합되어 탈종교 담론에 힘이 실린 것이다. 따라서 서구 사회학 전통에서 발전했던 세속화 이론이 무엇이며 한국 사회에서 어떻게 작용하고 있는지에 대한 양태를 살피지 않을 수 없다.

근대성 개념의 확산과 맥락을 같이하는 세속화(secularization) 이론은 근대화가 사회적 차원과 개인적 차원 모두에서 필연적으로 종교의 쇠퇴를 만들어 낸다는 이론으로, 종교의 사회적 기능과 역할이 점진적으로 축소하고 종국에는 소멸할 것이라고 전망한다. 이러한 세속화 이론은 에밀 뒤르켐(Emile Durkheim)이나 막스 베버(Max Weber) 같이 계몽주의적 관념에 기초를 둔 초기 사회학자들의 작업에서 출발했는데, 오늘날 세속화에 관한 논쟁은 이 둘의 견해 차이에서 일어났다고 볼 수 있다. 베버는 세계가 점점 종교의 마법에서 해방될 것이라고 본 반면 뒤르켐은 사회가 변하고 있음에도 불구하고 하나의 사회로 존재하는 것은 종교 때문이라고 보았다(조창연, 2008). 이와 같은 관점의 차이는 두 학자가 사회의 근본 양태를 어떻게 파악하는지에 따른 차이로 베버는 구성주의적 관점을 견지하였는데, 뒤르켐은 구조 결정론적 관점을 가지고 있었다. 이들의 시각은 현대 종교를 연구하는 데 있어 각기 다른 기능적 타당성을 가진다. 그러나 오늘날 사회의 분석틀은 구조주의나 구성주의로 양분되지 않는다. 이에 그들 이후의 중요 종교사회학 이론가들은 양자의 이론 모델을 종합하려는 경향을 보였다.

종교사회학에서 처음으로 세속화를 주요 논제로 제시한 브라

이언 윌슨(Brian Wilson)이나 윌슨의 이론을 받아들여서 발전시킨 스티브 브루스(Steve Bruce)는 베버형 모델의 대표적 추종자라고 볼 수 있다(김종서, 2005). 윌슨은 계몽주의가 당시 서구 사회에 팽배했던 기독교적 종교관의 정당성을 거부하게 만들었으며 기술의 발달이 종교가 갖는 신비함과 상징의 의미를 약화시켰다고 이야기하였다(정재영, 2008). 그리고 세속화 과정의 종국에는 무종교 사회가 만들어질 것이라고 예견하였다. 또한 브루스는 사회 분화, 사회 체계화 그리고 합리화의 작용이 근대화의 세 가지 특징이라면서 결과적으로 종교가 문화적 방어와 문화적 변천을 제외하고는 사회적 중요성에서 점차 쇠퇴할 것이라고 주장했다(정재영, 2015). 여기서 문화적 방어는 문화나 정체성, 가치관(sense of worth) 등이 이질적인 종교나 세속주의를 촉진하는 근원에 의해서 도전받고, 이 근원이 부정적으로 평가받는 곳에서 세속화가 억제될 것이라는 전망이다. 그리고 문화적 변천은 정체성이 문화적 변화로 인해 위협을 받을 때 종교가 새로운 가치관과 타협할 수 있는 자원을 제공한다는 것이다. 결과적으로 윌슨이나 브루스는 뒤르켐식의 모델을 완전히 부정하지 않는 차원에서 사회의 다층적인 모습을 보고자 하였지만, 그럼에도 세속화 이론이 현대 사회에도 설명력을 가진 이론이라고 주장했다.

이러한 흐름에서 세속화 이론에 대한 비판은 여러 학자에 의해 상당수 제기되었다. 그들은 세속화 이론이 단언하는 것과는 달리, 서구 사회에서 일어나는 현상은 종교적 이념이 세속적 이념으로 바뀌는 것이 아니라 사회 변동 속에서 종교의 성격이 변하고 있는 것이라고 주장했다. 이들의 비판은 몇 가지 유형으로 분류될 수 있다. 첫 번째는 세속화 이론이 사용하는 언어의 정의가 부정확하다는 문제의식이다. 세속화 이론을 주장하는 학자들은 종교에 대하여 초자연이나 신비, 초월, 성스러움 등의 본질을 가진 현상으로 이야기하면서 종교의 범위를 좁게 제한하는 배타적 정의 위에서 논의를 이끌어 간다. 그러나 이를 비판하는 학자들은 개인이나 사회에 의미를 부여하거나 궁극적인 중요성을 줄 수 있는 모든 것을 포괄하는 것으로 종교를 보아야 한다고 주장한다. 종교를 포괄적인 개념으로 본다면 종교의 쇠퇴는 일어나지 않고 있다는 것이다. 세속화 이론 비판의 두 번째 유형은 세속화 이론이 사회적 신화 위에 만들어졌다는 비판이다. 이들은 현대 사회에 와서 종교가 쇠퇴했다고 보는 시각이 과거 종교에 대한 모종의 '노스텔지어'를 토대로 한다고 주장한다. 대표적으로는 로드니 스타크(Rodney Stark)와 윌리엄 베인브리지(William Sims Bainbridg)의 연구가 있는데, 그들은 세속화 이론이 이야기하는 현상이 실재하지만, 이것이 근대화로 인해 생긴 새로운 현상이 아니라고 말한다(류대영, 2002). 그들에 의하면 세속화는 모든 종교에서 일반적으로 일어나는 현상이며 종교의 소멸을 예고하는 현상이 아니다. 마지막으로는 세속화 이론의 적용 범위를 둘러싼 문제 제기가 있다. 세속화 이론을 제시한 서구 지식인들이 유럽의 제도화된 기독교를 모델로 이론을 만들었기 때문에 타종교나 비유럽 국가에서의 종교에 대한 해석틀로 사용될 수 없다는 것이다. 이처럼 세속화 이론을 비판하는 유형은 여러 가지가 있지만, 공통적으로는 종교의 쇠퇴에 대한 비판에 초점이 맞춰져 있다.

세속화 이론에 대한 비판은 1990년대 이후에 더 활발히 제기되었다. 근대화로 인해 종교의 쇠퇴를 이야기하는 세속화 이론의 전망에 따르면 1990년대 이후 세속화 현상이 더욱 두드러져야 하는데, 오히려 현대 종교의 흐름은 반대로 흘러갔기 때문이다. 유럽을 제외한 대부분 지역에서 종교는 양적으로 더 확대되었다. 특히 이슬람교와 기독교의 성장세가 뚜렷했다. 그중에서도 많은 학자는 이슬람교의 성장에 관심을 보였는데, 유럽 중심의 시각에서 이슬람교는 근대화된 생활양식과 어울리지 않는 종교로 간주되었기 때문이다. 이슬람교의 성장은 근대화와 이슬람교 신앙이 공존할 수 있다는 것을 보여주었고, 나아가 근대 사회에서 종교는 사적인 영역에 머무를 것이라는 사사화 이론마저 붕괴시켰다. 기독교 중에서도 개신교 복음주의가, 근대화가 진행되고 있는 아시아와 아프리카, 동유럽 등에서 폭발적으로 성장하여 세속화 이론 비판에 설득력을 더했다. 이에 세속화 이론 자체를 전면적으로 부정하는 학자들도 나왔는데, 대표적인 학자로는 제프리 해든(Jeffrey K. Hadden)이 꼽힌다. 해든은 세속화 이론 자체가 근대화론의 기틀에서 나왔다면서 근대화론처럼 세속화 이론 역시 토대가 밝혀지지 않은 이데올로기일 뿐이라고 이야기한다(정재영, 2014).

2) 세속화 이론의 여러 모델

이처럼 현대 사회에서 종교의 영향력이 변화하는 양상을 분석하는 작업에는 상반된 시각이 존재한다. 그러나 세속화 이론과 탈세속화 이론이 고정된 시각으로 대립하는 것은 아니다. 세속화 이론은 탈세속화 이론의 도전을 받으며 다양한 방식으로 수정되고 변형되어 왔다. 로버트 벨라(Robert Bellah)나 데이비드 마틴(David Martin)처럼 세속화 이론이 주는 통찰에 부분적으로나마 동의하는 학자들이 세속화 이론의 적용 범위와 본질적 종교 개념의 한계 등을 넘어서고자 노력했던 것이다. 그리고 이론적 변형을 만드는 요인 중에 '특정 사회의 종교가 처한 문화적 상황' 역시 간과할 수 없다. 그래서 같은 세속화 이론이어도 유럽 모델인지, 미국 모델인지에 따라 차이가 발생한다(정재영, 2014). 유럽 모델에서는 사회적 차원의 세속화가 보편적인 흐름으로 인식되며 개인적 차원에서도 그레이스 데이비(Grace Davi)의 '소속되지 않은 신앙'(believing without belonging)처럼 종교성이 점차 약화된다고 보았다. 그러나 미국 모델에서는 유럽과 달리 기독교 왕국의 시기가 없었음은 물론이고 기독교가 국가의 지배적 종교였던 경험조차 없었기에 기독교는 종교 시장에서 경쟁을 치러 왔다. 이에 세속화 이론 역시 종교다원주의적 상황을 인식하며 변형되고 발전되었는데, 그 대표적인 학자가 피터 버거(Peter L. Berger)이다.

보스턴대학교에서 종교사회학을 가르친 피터 버거는 세속화 이론을 체계화한 학자로 평가받는다. 버거는 그의 저서 『신성한 덮개』(The Sacred Canopy)를 통해 과거에는 종교가 거룩한 우주(cosmos) 개념을 제공했고 그 안에서 사회적 규범(nomos)이 만들어졌는데, 현재에는 세속화로 인해 상징 체계의 지배 권한을 잃었고 이야기한다(박찬용, 2015). 또한 버거는 종교적 관용과 자유라는 신조 역시 합리화의 산물이라고 주장하며 합리적 원칙에 의해 지배되는 사회계층은 강화되고 종교적 지배 계층은 역사 속에서 사라지고 있다고 이야기한다(Berger, 1969/1981). 하지만 버거가 고전적 세속화 이론을 답습했던 것은 아니다. 그는 세속화 이론을 받아들이면서도 근대 이후의 종교 현상을 세속화 과정으로 단순하게 이해했던 서구 사상가들을 비판하면서, 역사 속에서 종교는 지역에 따라 세속화의 정도가 달라진다고 이야기한다(Berger, 1990/2002).[10] 특정 지역은 근대화가 이루어졌음에도 탈세속화가 일어나기도 하고, 사회적 차원에서의 세속화가 반드시 개인적 의식 차원의 세속화로 이어지지 않는다는 것이다.[11] 따라서 버거는 현대 사회를 분

---

10 버거는 세속화 이론이 이야기하는 종교의 쇠퇴에 대하여 90년대 세계의 종교 현상을 검토하며 자신의 입장을 바꾸었다(Berger, 1990/2002). 이에 피터 버거는 종교 쇠퇴론자가 아니라 종교 변형론자라고 보아야 한다는 주장도 있으며 버거를 탈세속화 이론가로 분류하는 학자도 있다(최현종, 2013). 피터 버거를 세속화 이론가로 분류할지, 탈세속화 이론가로 분류할지에 관하여는 학자마다의 기준이 다를 수 있지만, 버거로 인하여 세속화 이론이 정립되었고 동시에 그 해석이 넓어졌음을 부정할 수는 없다.

11 버거는 기독교, 불교, 힌두교 등 거대 종교뿐 아니라 일본의 신토나 인도의 시크교

석할 때 종교와 근대성의 복잡한 관계를 보고자 하는 태도가 필요하다고 제언한다.

버거는 종교인들이 앞으로 점차 합리적이고 인문학적인 사고를 할 것이라 보는 고전적 세속화 이론의 수호자들을 비판하면서 21세기의 세계가 20세기보다 덜 종교적이라고 생각할 이유가 하등 없다고 주장한다. 버거에 따르면 현실 세계에서 의미를 추구하려는 종교적 본능은 인간이 가지고 있는 영속적 특징이다. 이는 피터 버거가 사사화 개념을 이야기할 때도 드러난다. 사사화는 근대 사회에서 종교가 일상적인 사회생활에서 점차 개인적이고 사적인 영역으로 들어간다는 내용으로 세속화 현상을 설명하는 개념 중 하나이다. 버거는 "사적인 종교성은 그것이 그것을 받아들이는 개개인들에게 아무리 '실제적'이라 할지라도 종교의 전통적인 과업, 즉 모든 사람에게 구속력을 행사하는 궁극적 의미를 모든 사회 상황에 부여해 주는 공통된 세계를 구성해야 한다는 과업

등 상대적으로 소규모인 종교까지도 '보수적이거나 전통주의적 성격을 가진 종교 운동'들이 상승 국면에 있다고 이야기한다(Berger, 1990/2002). 이러한 현상은 종교 운동이 세속화 일변의 양태를 보이는 것이 아니라는 점을 방증한다. 또한 버거는 세속화와 탈세속화의 움직임이 지역에 따라서도 차이가 있다고 주장하는데, 서유럽은 세속화 이론이 유효하며 유럽식의 고등 교육을 받은 '세계화된 엘리트 문화'에 대해서도 설득력을 가진다고 본다. 하지만 비유럽권에서 급증하고 있는 종교 운동, 즉 탈세속화 문화는 대중적인 성격을 띠며 유럽 중심의 세속 엘리트에게 저항하는 운동으로 볼 수 있다고 이야기한다. 결과적으로 세속화는 역사 속에서 실재하는 현상이지만, 이를 통해 종교와 문화 현상을 일반화하기는 어렵고 구체적인 국가 권력과 종교의 관계 안에서 살펴야 한다는 것이다.

을 더 이상 수행할 수 없다"(Berger, 1969/1981, 151)며 "사적인 종교성에 관련된 가치들은 전형적으로 사적인 영역 이외의 다른 제도적 맥락에는 부적합하다"(Berger, 1969/1981, 151)고 이야기한다. 요컨대 사사화는 종교가 공적 영역에서의 권위를 잃어가는 개념이지만, 한편으로는 개개인의 선택과 선호의 문제에서 여전히 어느 정도의 역할을 하고 있다는 것을 의미한다. 그래서 버거는 근대화로 인해 종교성이 사라지지 않을 것이라 단언한다(Berger, 1990/2002). 실제로 아시아나 아프리카 대륙에서는 종교가 성장하고 있으며, 오늘날 종교의 부흥과 역할에 대한 이해가 요구되는 상황을 하버마스(Jurgen Habermas)는 '후기세속사회'라고 부르기까지 하였다(성석환, 2019).

초창기에 버거와 공동 저술을 했던 루크만(Thomas Luckmann)은 세속화 이론을 전개하는 데 있어 버거의 이론과 상당한 유사성을 보인다(오경환, 1990). 루크만은 버거처럼 현대 서구 사회에서 인간이 '종교적'이게 되는 것은 사회화와 관련이 있다고 이야기한다(김종서, 2005). 다시 말해 인간 개인의 사적인 문제들이 종교적인 것으로 인식될 수 있는 것은 제도 종교와의 관계가 생길 때라는 것이다. 이때 루크만은 제도 종교의 세속화는 인정하지만, 의식의 세속화나 개인적 종교성의 감소는 인정하지 않았다(Luckmann, 1967/1982). 루크만은 현대 사회가 근대화되고 복잡해짐에 따라 사람들이 사회 규범에 무관심해졌는데, 이것이 종교와 사회가 세속되는 것으로 귀결되는 대신 '보이지 않는 종교'(an invisible religion)가 생겨난다고 이야기한다. 사회 변동의 결과인 세속화가 다시 '보이지 않는 종교'로 종교 체계의 형태 변동을 불러온다는 것이다. 루크만은 현대인이 예전 방식처럼 '종교적'일 수는 없겠지만 전통적인 교회 지향적 종교가 아니라 '보이지 않는 종교'를 믿는다는 점에서 종교적이라고 이야기할 수 있다고 말한다.

이외에도 파슨즈(Talcott Parsons)는 전통적인 종교에서 비종교적인 요소들이 나오면서 종교적 의미를 상실한 것과 같은 모습은 종교라는 사회적 실체가 전문화(specialized)되면서 기능이 바뀌는 것이라고 이야기하고, 더 나아가 그의 제자 벨라는 종교 기관이 자기 수정 과정을 거치며 새로운 종교적 상징 체계를 만들고 있다고 주장한다(김종서, 1997). 이들은 문화의 세속화를 부인하고 종교적 가치가 사회구조의 일부로 포섭되었다고 이야기하는 것이다. 또한 캐나다의 철학자 찰스 테일러(Charles Taylor, 2007) 역시 근대성을 위시한 세속화 이론이 비역사적인 설명 방식이라고 비판하면서 변화된 종교의 형식과 개인의 종교적인 지향을 보아야 한다고 주장한다. 근대 이전의 개인은 종교적 의미화가 필수적이지 않았음에도 근대적 기준을 들이대며 근대와 근대 이전을 나누는 것이 세속화 이론이라는 것이다. 그리고 테일러는 오늘날 개인의 신앙이 특정한 환경의 영향을 받고 특정한 모습으로 귀속된다기보다 자율적이며 독립적인 것으로 인식될 수 있다고 주장한다. 따라서 테일러에게 중요한 것은 좁은 의미의 종교 정의에서 벗어나 개인에게 의미 체계를 부여하는 종교적인 것을 보는 것이다.

이처럼 버거와 루크만, 파슨즈 등의 시각은 탈세속화 이론가들이 비판했던 논점을 비켜간다. 이들은 종교의 범위를 넓게 상정하면서 개인의 종교성과 종교의 영향력을 구별하여 이야기하고 있다. 특히 루크만의 경우에는 종교의 본질적 정의를 선호했던 버거[12]와 다르게 기능적 정의를 중시하면서 제도 종교로의 종교와 문화적 종교를 분리시켰다. 그리고 자아의 형성으로 인도하는 사회 과정이 근본적으로 종교적인 것이라고 보았다(Luckmann, 1967/1982). 이러한 종교의 정의는 종교의 쇠퇴를 가정했던 세속화 이론의 한계 역시 재고하게 한다. 루크만에게 종교의 변화는 기존 사회에 도덕적, 윤리적 기준을 제시하던 기독교가 보이지 않는 종교로 변화한 것이지 종교가 쇠퇴할 것이라는 결론으로 귀결되지 않는다. 비록 탈세속화 이론에서 이야기하는 서구-기독교 중심이라는 비판에서 자유로울 수는 없어도 루크만의 주장은 오히려 탈세속화 이론가들의 주장과 부합한다.

3) 한국 사회에서의 세속화 이론

이처럼 세속화 이론이 발전하면서 그 개념 역시 다양해졌기에

---

12 그럼에도 불구하고 버거 역시 현대 사회 전체에 영향을 끼치는 포괄적인 종교적 문화를 상정하지 않고 다원적인 종교를 인식했다는 점에서 탈세속화 이론가들의 비판과는 다르게 종교의 범위를 넓게 상정했다고 이야기할 수 있다.

세속화 이론을 하나의 형태로 규정하는 것은 어려운 일이다.13 이에 한국 사회가 세속화 이론에 부합하는지에 대한 여부도 몇 개의 문장만으로 결론지을 수는 없다. 다만 세속화 개념이 사회적으로 합의되지 않았을지언정 세속화 논쟁은 현대 사회의 종교 변화에 관심을 갖게 했다. 종교와 사회를 분리시키지 않고 과학이나 기술, 산업화, 근대화, 개인화 등의 사회 변화와 종교 형태의 변화를 복합적으로 보게 만든 것이다. 따라서 한국 사회에 대한 세속화 이론적 해석도 나름의 방식으로 사회를 분석하고 종교의 변모를 다루었다는 학술적, 사회적 의의를 가진다. 서구 세속화 이론의 배경이 되었던 기독교는 물론이고 한국에서 종교 문화적 유산을 남긴 불교와 유교 등 다양한 종교 형태에 관한 분석이 시도되었던 것이다(채석용, 2018; 박상환, 2010; 정재영, 2008; 강지언, 2020).

하지만 한국 역시 미국처럼 지배적인 종교가 없었다는 점에서 필연적 종교의 쇠퇴를 주장하는 '고전적인' 세속화 이론으로 한국 사회를 해석하기에는 어려움이 있다. 김성건(2005)은 한국의 종교 사회학에서 세속화 이론을 어떻게 다루어왔는지를 살피면서, 이미 서구에서도 많은 학자에 의해 비판받았던 세속화 이론을 답습

---

13 이에 이원규(2005)는 세속화 이론을 다섯 가지 관점으로 나누어 설명하는데, 첫째, 세속화를 종교의 쇠퇴로 보는 관점, 둘째, 종교와 세계가 동조된다고 보는 관점, 셋째, 사회가 종교로부터 이탈한다고 보는 관점, 넷째, 종교적 신앙과 제도의 변형으로 보는 관점, 다섯째, 세계의 비-성화로 이해하는 관점이 그 분류이다. 물론 이러한 분류는 상호배타적인 분류가 아니라 강조점에 의한 분류이다.

하는 것은 서구 이론의 식민성을 드러내는 것이라고 비판한다. 이러한 그의 작업은 서구의 세속화 이론이 한국 사회에 그대로 수용되어 근대성과 세속화를 등치시키고 있다는 사실을 밝혀낸다. 오경환(1990) 역시 서구 기독교 문화에서 나온 세속화 이론을 한국 사회에 그대로 적용시켜선 안 된다고 지적한다. 한국적 문헌과 경험 자료를 통해 비서구 다종교 사회에서의 한국 종교 현상을 분석해야 한다는 것이다.

'가나안 성도' 현상 역시 마찬가지다. 정재영(2014)은 '가나안 성도'들이 탈제도적 종교성을 드러내고 있다며, '가나안 성도' 현상은 제도적 차원에서 기독교의 쇠퇴라고 볼 수 있지만 개인적 차원에서는 종교성을 유지하고 있기에 이를 고전적인 세속화 이론에 부합하는 사례라 볼 수 없다고 주장한다. 한국의 교회가 지나치게 제도화, 관료제화되는 것에 대한 저항으로 교회를 떠난 것이지 세속화되어서 떠난 것이 아니라는 의미다. 또한 채병관(2016) 역시 세속화 이론의 대표로 표상되는 영국의 '소속 없는 신앙인'[14] 과 한국의 '가나안 성도'는 다르다면서 영국은 기독교 문화가 자리 잡았기에 소속 없는 신앙인들이 교회에 친밀한 관계를 유지하는 반면 한국은 그렇지 않아서 교회에 대한 부정적 인식이 강하다고

---

14 소속 없는 신앙인은 1990년대에 영국의 종교 사회학자 그레이스 데이비(Grace Davie)가 주창한 개념으로 상대적으로 높은 신앙 수준에 비해 낮은 비율의 종교 활동을 보이는 모습을 일컫는 말이다(채병관, 2016).

이야기한다. 이들의 이야기는 제도 종교의 쇠퇴가 종교성을 완전히 상실한 사람들이 증가하는 현상으로 이어지지 않는다는 루크만의 주장을 뒷받침한다.

따라서 탈종교 현상의 이론적 근거가 되는 고전적인 세속화 이론은 한국 사회에 그대로 적용할 수 없다. 그럼에도 고전적 세속화 이론은 한국 종교 담론에 무비판적으로 수용되면서 탈종교 현상을 당연한 흐름으로 만들었다. 그 결과 고전적 세속화 이론에 내재하고 있는 특정한 의미의 종교와 종교성 개념이 강조되면서 '가나안 성도'는 시대적 흐름에 의해 본질적인 종교 밖으로 벗어나 종교성을 잃은 존재로 그려졌다. '가나안 성도'라는 용어 자체도 교회에 나가지 않는다는 점이 강조된 표현이며, 이는 본디 종교성은 교회 내부에 있다는 것을 상정하는 표현이기도 하다. 이러한 고전적인 세속화 이론의 틀은 '가나안 성도'라는 현상을 거시적으로 보게 만들고 집단을 동질적인 전체로 상정하게 만든다. 개인이 처한 한국 사회의 구체적인 맥락이나 개인적 실천의 양상과 별개로 종교성을 잃어간다는 고전적 종교 개념 안에서 이미지화되는 것이다.

세속화 이론으로 한국 사회를 설명할 수 있는가에 관한 문제는 한국 종교학계에서 오래 논의된 문제이다. 그러나 이 연구의 주된 목적은 지금의 한국 사회를 세속화의 흐름으로 볼 것인지, 탈세속화의 흐름으로 볼 것인지에 있지 않다. 고전적 세속화 이론이 만들어 내는 효과를 비판하는 작업도 한국 사회에서 세속화 이론의 적용 불가능성을 제기하고자 함이 아니라 '가나안 성도'가 정태적으로 그려지는 과정을 살펴보기 위함이다. 그리고 이러한 맥락에서 거시적인 종교 현상의 흐름으로 '가나안 성도'를 보는 것이 아니라 구체적인 '가나안 성도'의 삶을 통해 종교의 흐름을 유추하고자 한다면, 세속화 이론은 물론 탈세속화 이론이나 사사화 이론 역시 무비판적으로 수용해서는 안 된다. 종교와 시대의 흐름이라는 두 개의 축이 아니라 그들의 삶이 어떤 문화적, 사회적 배경과 상응하면서 만들어지는지를 살피는 다층적 접근이 필요한 것이다. 이와 같은 작업은 특정한 방식의 종교 정의(定義)로부터 벗어나 '가나안 성도'의 삶을 분석하는 것에서부터 시작한다. 따라서 한국적 상황에서 '가나안 성도'의 구체적 삶과 의미화 과정을 통해 그들이 생각하는 종교의 의미와 형태가 어떻게 변하는지 분석하는 작업이 요청된다.

2장

한국의
'가나안 성도'

정형화된 특정 이론적 시각에서 벗어나 구체적인 종교 현상을 보는 작업은 거시적 관점을 배제함으로써 해결되는 것이 아니다. 오히려 삶의 구체적 맥락은 개인의 삶에 영향을 주는 구조적 맥락과 개인의 의미화 과정을 함께 보아야 한다. 이에 이 작업을 시작하기 위해서는 먼저 역사적 축을 살필 필요가 있다. 현대 사회에 '가나안 성도'가 어떻게 등장하게 되었으며, 개신교 이외의 종교들에는 어떠한 역사적 흐름이 존재하는지를 보는 것이다. 이 작업을 통해 현재 시점에 '가나안 성도' 연구가 왜 필요한지에 대한 해답이 도출될 것이다.

1. '가나안 성도' 출현에 대한 역사적 해석

한국 사회에서 어떻게 '가나안 성도'가 등장하게 되었는지를 명확하게 규명하는 것은 어렵겠지만, '가나안 성도' 현상에 주목하는 학자들의 주장은 크게 두 가지 맥락으로 요약될 수 있다. 하나는 근대성에서 기인하는 합리적 사고이고, 다른 하나는 탈근대성에서 기인하는 개인주의이다.[1] 합리적 사고는 일찍이 마크 놀(Mark Noll, 1994/2010)이 지적했던 것처럼 교회가 이성적 판단을 신앙과 대립 항에 위치시키고, 생각하는 그리스도인이 가지는 의문에 대하여 답을 해 주지 못하였다는 지점에서 '가나안 성도'의 탈교회 움직임이 시작되었다는 것을 말한다(정재영, 2015; 양희송, 2014; 박성원·권수영, 2017; 안창덕, 2018). 특히 부모의 신앙을 물려받은 2세대 기독교인들의 경우에는 이러한 현상이 더욱 뚜렷하게 드러나는데, 여러 학자는 이에 대해 중세 시대의 종교가 가진 권위로부터 벗어나 합리적 주체로 종교를 대하는 역사적 흐름으로 인식한다. 그리고 개인주의는 탈근대 사회에서 집단보다 개인이 중시되고 그에 맞게 종교성의 성격도 바뀌게 되어 '가나안 성도'가 탄생했다는 분석이다(정재영, 2012; 2013; 2015; 양희송, 2014; 박종원, 2016). 이러한 연구들에 따르면 탈근대적 개인은 집단적 정체성을 거부하고 전통적인 종교와 세속의 이분법을 넘어 자신의 종교성을 만들어 간다. 많은 '가나안 성도' 연구가 이러한 근대성과 탈근대성의 시대 흐름 속에서 '가나안 성도' 현상이 시작되었다고 분석하고 있다.

---

1 이는 다수의 연구에서 공통적으로 지목된 것을 유형화한 연구자의 분류이다. 범주화 오류를 막기 위해 본문에 제시된 연구들이 상호배타적으로 근대성과 탈근대성을 언급한 것은 아님을 밝힌다.

그렇다면 이러한 시대적 흐름이 구체적으로 한국 사회에서 어떻게 실현되었는지를 살펴보자. 앞서 연구 배경에서 보았다시피 한국 개신교 교회는 역사 속에서 네 차례의 급성장 시기를 겪었다. 그중에서도 1960년대에서 1980년대 사이에 일어났던 부흥 집회는 개신교 인구의 폭발적인 성장을 이루게 하였는데, 군사독재의 아노미 속에서 개신교가 자본주의적, 개인주의적 가치관과 도시적 산업사회에 적합한 종교였기 때문이다(류대영, 2018). 개발독재의 급격한 경제 개발 앞에서 개신교는 물질적, 현세적 축복을 약속하며 사람들의 종교적 욕구를 충족시켰다. 하지만 이 시기의 급성장을 사회경제적인 요건만으로 볼 수 없다. 당시 각 개신교단은 경쟁적으로 교세 확장 운동을 전개했고 새로운 신자를 얻기 위해 노력했다. 1970년대 대한예수장로교 합동 측은 '1만 교회 운동', 통합 측은 '연 300 교회 운동'을 벌였으며, 감리교는 '5천 교회 백만 신도 운동'을 전개했다. 또한 1973년 '빌리 그래함 전도대회', 1974년 CCC 주최 '엑스플로 74', 1980년 '80 세계 복음화대회' 등 초교파적 대규모 전도 부흥 집회도 개최되었다. 이러한 흐름에서 개신교계는 내부적으로 교회 성장 이론을 받아들여 성경공부, 제자훈련 등 다양한 프로그램을 진행하였는데, 이때 주목받았던 것이 주일학교 혹은 기독교교육이다. 1980년대 개신교 교회는 교단마다 기독교교육 정책을 펼쳤으며, 기독교 신앙을 대물림하기 위해 노력했다(cf. 박근원 등, 1989; 김성철, 1988). 이 운동은 1990년대에도 이어졌고, 한국 개신교 내부에 주일학교 제도는 공고히 자리 잡았다.

조성돈(2013)은 기독교계 인터넷 신문「교회와 신앙」에 대부분의 '가나안 성도'가 어려서부터 교회를 다닌 사람이라고 이야기한다. 고연령층 '가나안 성도' 중에는 성인이 되고 나서 교회를 다닌 사람도 있지만, 대부분의 '가나안 성도'가 주일학교를 다니고 어릴 적부터 기독교교육을 받았다는 것이다.[2] 그리고 이러한 환경은 근대성에서 기인하는 합리적 사고가 인정받지 못하는 세대적 경험을 만들었다. 실제로 조성돈은 의외로 교회 내 비리나 목회자의 윤리 문제가 '가나안 성도'들에게 있어 크게 부각되지 않는다면서 그보다는 변화한 자신들의 사고와 그 사고를 받아들이지 못하는 교회와의 관계가 근본적인 문제라고 이야기한다. '가나안 성도'들에게는 공통적으로 신앙에 대한 의심과 회의가 교회로부터 묵살된 경험이 있다는 것이다. 이에 조성돈은 '가나안 성도'가 자신의 신앙이 아니라 부모의 신앙고백에 의해 교회를 다닌 사람들이라며 '가나안 성도' 현상은 새로운 세대의 성장에서 나온 현상이라고 이야기한다.

이와 같은 맥락은 '가나안 성도'에 대해 탈근대성을 중심으로

---

2 물론 '가나안 성도'에 관한 통계 자료가 많지 않아 이러한 주장이 통계적으로 뒷받침 되지는 않는다. 그러나 '가나안 성도'와의 인터뷰에서 다수의 사람이 순탄한 중고등부 시절을 이야기하고, 큰 문제가 없었던 신앙의 가정환경을 이야기한다는 조성돈의 경험 자료는 80, 90년대 기독교 교육의 성장과 '가나안 성도'의 등장에 연관성이 있다는 것을 보여준다.

분석한 연구들과도 이어진다. 조성돈(2013)은 '가나안 성도'들이 신앙 내적 갈등 가운데서 질문을 만들어 냈고 기존 교회의 교리 해석과 권위에 대해 의문을 가졌는데, 그 이면에는 '가나안 성도'들이 스스로 사고하고 있다는 자부심이 있고 이러한 모습은 일찍이 서구의 개인주의화된 기독교인들에게서 발견된 모습이라고 이야기한다. 정재영(2012; 2015)도 그레이스 데이비(Grace Davie)나 로버트 우스노우(Robert Wuthnow)를 언급하면서 특정 집단에 소속되기보다 개인의 독립을 내세우는 탈제도화와 개인주의를 '가나안 성도'의 배경으로 지목했는데, 현대와 같은 다원주의 사회에서 자신의 관점만 우월하다고 주장하기보단 개인의 종교와 신념을 존중하는 태도가 필요하다고 주장한다. 양희송(2014) 역시 세속화론의 흐름과 베이비붐 세대 이후 X세대의 등장, 포스트에반젤리컬(Post-Evangelical),[3] 이머징 교회(emerging church) 등을 이야기하며 시대적 흐름과 '가나안 성도'의 제도교회를 향한 저항성을 이야기한다.

이처럼 한국 개신교의 부흥과 근대화 과정의 역동은 '가나안 성도'가 발생하는 계기를 만들었다고도 볼 수 있다. 물론 역사적

---

3 포스트에반젤리컬은 데이브 톰린슨(Dave Tomlinson)의 개념으로 복음주의자이기를 그만두거나 교회를 떠난 사람들을 이야기한다. 양희송(2014)에 의하면 80년대 중반 영국 교회는 복음주의의 르네상스 시기라고 불릴 만큼 복음주의 기독교가 득세했는데, 톰린슨은 복음주의 호황의 후방에서 유출되고 있는 사람들에게 관심을 가졌다.

맥락에서 '가나안 성도'의 배경을 거시적으로 분석하는 이러한 연구 결과를 전체 '가나안 성도'의 등장 원인으로 일반화할 수는 없을 것이다. '가나안 성도'는 특정 세대에만 존재하는 것이 아니며 세대 안에서도 모든 사람이 특정 경험을 공유한다고 말할 수 없다. 또한 '가나안 성도'의 역사적 원인으로 지목되는 탈근대성에 있어서도 그 용어가 지칭하는 것이 무엇인지 명확하지 않으며 탈근대성과 탈현대성 등 학자마다 사용하는 언어도 다르다. 마지막으로 '가나안 성도' 현상을 분석할 때 탈근대성이라는 용어를 강조한다면 개인의 실천과 특수성을 놓치게 되는 경우가 발생한다. 그러나 조성돈과 정재영의 역사적 해석은 '청년 가나안 성도'가 발생하게 된 현상을 주목하게 만든다. 이에 위와 같은 역사적 맥락을 인식하면서도 '청년 가나안 성도'가 왜 교회를 나오게 되었으며, 어떠한 정체성을 구획하였는지, 탈근대적 특성을 가진 '청년 가나안 성도' 개인의 실천이 어떠한 의미를 담고 있는지 확인할 필요가 있다.

2. 개신교 외 다른 종교에서의 '가나안 성도' 현상

'가나안 성도'의 배경이 탈근대성이라면, 오늘날 한국의 다른 종교에도 이러한 현상이 존재하는가? 이에 관한 경험 연구는 많지 않지만, 불교와 가톨릭에서도 유사한 연구들이 진행되었다.[4] 먼저 불교를 보자면 한나현(2018)은 현대 불교의 종교성을 'D.I.Y.

(Do It Yourself) 종교성'이라고 부르며 연구 참여자들의 종교 성향을 수행, 철학, 관습으로 나누었다. 이때 수행은 참선이나 기 수련처럼 일상에서 종교적 체험을 추구하는 성향이고, 철학은 경전 읽기나 설법 듣기처럼 교리 이해와 공부를 중시하는 성향이다. 그리고 관습은 가족 공동체의 문화로 종교를 받아들이는 성향이다. 한나현은 한국에서 가장 세력이 큰 제도 종교, 즉 가톨릭, 개신교, 불교 중 불교에 '개인화'가 가장 크게 일어난다며, 제도화된 조직의 권위가 약한 불교에서는 청년 신자들이 기존의 종교적 '패키지'를 그대로 취하지 않고 교리를 선택적으로 받아들여 다양한 지식 체계와 혼합한다고 이야기한다. 또한 김용표(2010)의 연구는 비록 불교인의 종교 경험을 다루지는 않았지만, 포스트모더니즘 사조와 불교가 가지는 공통점과 차이점을 이야기하며 현대 사회에 불교 사상이 어떤 의미를 가질지 예견한다.

가톨릭에서는 탈근대성에 관련된 연구가 상당수 진척되었는데, 대표적으로 배경민(2008)은 인간 중심주의와 세속화, 종교적 상대주의의 결과로 냉담자를 지목한다. 가톨릭에서는 미사 생활과

---

4 이는 인구주택총조사의 통계 자료에서도 확인할 수 있듯이, 한국의 종교 상황이 크게 불교, 개신교, 가톨릭이라는 3대 종교로 나누어진다는 특성과 닿아 있다. 물론 유교 역시 한국에서 많은 종교 문화를 만들었지만, 이황직(2010)의 말처럼 유교의 종교성은 서구 종교성 개념으로 파악하기가 쉽지 않고, 제도 종교로의 유교는 근대화 과정에서 현저히 위축되어 유교의 종교성이 보이는 변화 양상을 파악하기에 어려움이 있다.

성사 생활을 중단한 신자를 냉담자라고 표현하는데(강인철, 2007b), '가나안 성도' 역시 냉담자에서 파생된 단어라고 볼 수 있다. 냉담자라는 표현이 언제부터 일반적으로 사용되었는지는 명확하지 않지만, 가톨릭에서는 제도적으로 한 해에 두 차례, 부활절과 성탄절에 의무적으로 진행하는 판공성사에 3년 이상 참석하지 않은 신자를 냉담 교우로 규정한다(주교회의 매스컴위원회, 2011).[5] 이은석(1999)의 연구를 보면 가톨릭계에서 이를 1961년부터 공식적으로 집계하였음을 알 수 있다. 가톨릭 냉담자는 지속적으로 증가하는 추세에 있으며, 특히 20·30대 젊은 세대의 비율이 갈수록 높아지고 있다.

강인철(2007b)은 이러한 냉담자를 유형별로 구분하였는데, 냉담의 정당성을 주장하면서도 가톨릭 교인의 정체성을 확고히 가지는 '확신적 냉담자', 우연한 기회로 냉담자가 되었다가 교회를 나가지 않은 기한이 장기화된 '우발적 냉담자', 교회에 대한 불만이 있으나 이를 해결하지 않고 떠난 '도피적 냉담자', 처음부터 교회에 정체성이 크지 않았던 '아웃사이더'가 그 분류이다. 이에 박진희(2020)는 단순히 시대적 흐름과 같은 거시적 요인이나 개인의 선택으로만 냉담자 현상을 파악하는 것은 무의미하다며 세속화의 흐름과 개인의 종교적 사유를 함께 보아야 한다고 이야기한다. 그

---

5 이는 행정적 기준으로 신자의 종교성 여부와 관계없이 판공성사, 즉 의무적 고해성사에 참석하는지 파악하는 것이다(박진희, 2020).

리고 가톨릭 냉담자의 탈교회화 과정을 이야기하며 그 원인으로 냉담자의 자기 윤리를 지목한다. 또한 오상환(1998)은 가톨릭 청소년들이 신앙생활을 하며 느끼는 갈등을 이야기하며 냉담자의 세대적, 환경적, 젠더적 배경을 살펴보았다.

탈근대성을 중심으로 한 맥락에서 '청년 가나안 성도' 연구가 냉담자 연구의 개신교적 버전 내지는 청년 불교 신자 연구의 개신교적 버전 이상의 의미를 갖지 못하는가 했을 때, 그렇지 않다. 불교의 경우에는 김용표(2010)가 이야기하듯, 불교의 종교성과 탈현대적 시대상이 크게 유리되지 않는다. 성도 개개인이 종교적 사유를 다르게 하더라도 큰 문제가 없는 교리 해석 전통이 있고 동시에 종교 권력 역시 개인을 크게 규율하려고 하지 않는다. 가톨릭의 경우에 박진희(2020)는 타종교에 비해 가톨릭이 신자들에게 종교적 의무를 많이 부여한다고 하였지만, 이에 대해서는 종교적 의무 사항 외에도 이를 강제하는 성격, 즉 제도 종교 권력을 살펴야 한다. 개신교와 가톨릭은 타종교에 비해 서로 비슷한 종교관을 가지고 있으며 가시적으로 부여하는 종교적 의무는 가톨릭이 많지만, 제도 종교 권력이 발현하는 양태가 다르다. 예를 들어 이진구(2018b)는 교회 세습과 동성애 혐오, 태극기 부대를 위시로 개신교의 종교 권력화 현상을 비판했다. 그리고 가톨릭과의 차이점으로 개신교는 한국에 들어올 때부터 국가적 차원의 탄압을 받지 않고 수용되었다고 이야기한다. 조선 후기 천주교가 서양에서 온 종교라는 이유로 박해를 받았던 반면 개신교는 문명의 종교이자 힘의 종교로 수용되었다는 것이다. 이러한 지점은 한국 기독교의 역사를 다룬 책에서도 확인할 수 있다. 그리고 이런 개신교의 특수성은 수용 이후에도 개신교 권력이 국가 제도와 결합하며 종교 권력의 자리를 굳히는 것으로 이어졌다. 그 결과 오늘날 개신교는 여러 권력 이데올로기와 접합하며 종교적 신념과 사회적 이데올로기를 합쳐서 재생산하고 있다. 따라서 개신교 종교 권력으로부터 벗어난 '가나안 성도' 연구는 시대적 흐름만으로 읽어낼 수 없는 이데올로기적 상관관계를 살펴야 한다. 그리고 이러한 해석은 기존의 종교 담론이 가지고 있던 틀에서 벗어나 현대 사회의 종교인이 보이는 실천의 성격을 더욱 분명하게 드러낼 것이다.

3. '가나안 성도'의 본질에 관한 연구들

'가나안 성도'라는 용어가 언제부터 시작되었는지는 명확하지 않지만, 성서에 나오는 개념을 이용한 단어6이면서도 말장난 같은 이 단어는 확실히 오늘날 개신교7의 한 부분을 드러내고 있다.

---

6 가나안은 히브리어로 '낮은 땅'이라는 뜻이며 요단강 서쪽 지역을 일컫고, 성서에서는 '젖과 꿀이 흐르는 땅'으로 묘사되었다(민 14:8). 이에 '가나안 성도'는 '안 나가'를 뒤집어 부르는 언어유희이면서도 일각에서는 '교회 밖'을 '젖과 꿀이 흐르는 땅'으로 상정하는 맥락에서 사용하기도 한다.

7 앞선 각주에서 기독교를 가톨릭과 개신교로 구분하였으나, 사실 개신교는 가톨릭과

양희송(2014)은 '한국기독교 목회자 협의회'의 조사 결과를 바탕으로 '가나안 성도'의 규모를 약 100만 명으로 추정한다. 이는 전체 개신교 인구가 2015년 기준 960만 명임을 고려했을 때 상당히 높은 수치다. 게다가 이 수치는 2014년에 계산된 것이고, 이경선·하도균(2019)은 양희송과 같은 방식으로 계산했을 때 2019년에는 '가나안 성도'가 230만 명에 달할 것으로 보고 있다. 이에 '가나안 성도' 현상은 개신교 내부의 국소적이고 국한적인 문제를 넘어 한국 사회의 새로운 종교 현상 중 하나가 되었다고 말할 수 있다.

그러나 '가나안 성도' 현상이 최근 들어서 처음 발생한 것이라고 볼 수는 없다. 기독교의 민중 운동가로 알려진 함석헌 역시 1971년에 '가나안 성도'를 언급했으며, 가나안 농군학교를 설립한 김용기도 1970년대 중반 설교에서 이 단어를 사용한 것으로 알려져 있다(정재영, 2014). 하지만 학술 장에서 '가나안 성도'에 관

달리 동질적인 집단으로 상정하기에 어려움이 있다. 개신교 안에는 수많은 교파가 있으며 이 교파들은 각기 다른 색채의 특성을 가지고 있는데, 문제는 이들이 단순히 교리적 차이만 가지고 있는 것이 아니라 교리에 따른 생활양식이나 사고방식에도 차이가 있다는 것이다. 일반적으로 대한예수교장로회(고신) 측은 성서주의적이고, 대한예수교장로회(합동) 측은 정치적으로 보수인 경향이 짙으며, 성결교단은 은사주의적 색채가 짙다. 성공회는 교리적으로는 중도를 지향하지만 한국에서는 지식인 계층의 비율이 높고 진보적인 해석을 시도하는 교인이 많으며, 기독교장로회(기장) 측은 진보적인 색채가 강하면서 해방신학이나 민중신학을 받아들인 교회들이 다수 존재한다. 물론 한국교회의 개교회 중심주의 특성으로 인해 교파로만 성도의 특성을 분류하기는 굉장히 어렵고, 같은 교회라고 하더라도 성도 개개인의 종교성과 종교 실천의 양상은 각기 다를 수 있다. 하지만 이는 오히려 한국 개신교의 종교 체계와 성도 개인의 종교성이 다양하다는 것을 방증한다.

한 연구가 본격적으로 나오기 시작한 것은 2010년대 중반인데, 그 원인은 '가나안 성도' 증가 현상이 원인이라기보다 양희송이 그의 저서『다시, 프로테스탄트』를 통해 '가나안 성도'라는 단어를 언급했던 것이 유효하였다. 양희송은 이 책에서 교회를 떠난 이들을 두 부류로 나누면서 '타의에 의해 교회를 떠났기에 교회로 되돌아갈 의향이 있는 사람'이 아닌 "좀 더 자의식이 선명하고 교회의 행태에 대한 비판적 태도를 갖고 있으며 기독교 신앙 자체에 대한 문제의식도 강하게 갖고 있는 이들"(양희송, 2012, 125)이라고 '가나안 성도'를 표현한다.

이 책에서 양희송(2012)은 한국교회의 성직주의와 성장주의, 승리주의를 비판하며 이러한 흐름의 폐단으로 '가나안 성도'가 늘어났다고 이야기한다. 교회가 성도들의 기대에 부응하지 못하고 자신의 세력에 집중하면 교회에 비판적인 태도를 가지고 신앙에 문제의식을 품는 '가나안 성도'가 생긴다는 것이다. 이에 양희송은 '가나안 성도'를 신앙이 부족하거나 문제가 있는 사람으로 취급할 것이 아니라 그들의 문제 제기에 귀 기울이며 한국교회의 개혁을 위한 발판으로 삼아야 한다고 이야기한다. 그리고 양희송(2014)은 『가나안 성도 교회 밖 신앙』을 통해 더욱 본격적으로 '가나안 성도' 현상을 다룬다. 여기서 그는 '가나안 성도'들에 대한 심층 인터뷰를 진행하며 '가나안 성도'가 왜 교회를 떠났는지, 한국교회는 어떻게 바뀌어야 하는지를 제시한다. 또한 2018년에는 제도교회 밖에서 신앙생활을 하는 '가나안 성도'들을 다루며 포스트-복음주의의 맥락에서 제도교회의 대안 모델을 그려낸다(양희송, 2018).

양희송의 책이 발간된 이후 '가나안 성도'에 관한 연구는 더욱 본격적으로 시작되었는데, 정재영은 실증적인 연구들을 통해 그 기반을 마련하였다. 정재영은 양희송의 제안으로 '가나안 성도'들을 심층 인터뷰하였고 참여관찰과 양적 통계를 곁들여 『교회 안 나가는 그리스도인: '가나안 성도'를 어떻게 이해할 것인가』라는 책을 저술하였다. 여기서 그는 '가나안 성도'들이 교회를 떠난 이유와 현재의 신앙 상태, 세속화의 경향 등을 다각적으로 바라보면서 그들이 '명목상의 신자'도 '교회 쇼핑족'도 아니며, 기존 교회의 제도화에 대한 반감으로 교회를 떠난 사람이라는 것을 입증하였다. 개신교 신학적 관점에서 벗어나 '가나안 성도' 현상을 사회학적으로 바라보고 이들에 대한 다각적 접근을 시도한 것이다. 이에 양희송과 정재영의 연구는 그간 주목받지 못했던 '가나안 성도' 현상을 조망했다는 학술적 의의를 가지며, 부정적인 존재로만 그려지던 '가나안 성도'에 대한 이해를 넓혔다는 점에서 사회적 의의를 가진다.

이러한 시각 위에서 손원영(2019)은 '가나안 성도'의 대안 신앙 모임에 관한 연구를 시행하였다. 서울기독대학교 신학전문대학원 교수직에 있던 손원영은 종교 평화 운동을 펼치고 있던 '레페스 포럼'[8]에 기부하였다는 이유로 파면되었는데, 이를 계기로 '가나

---

8 REligion and PEace Studies의 약자인 레페스 포럼은 종교 간의 평화를 구축하려

안' 교회에 관심을 가지게 되면서 일종의 참여관찰을 한 결과물을 서적으로 발간한 것이다. 또한 박종원(2016)은 '가나안 성도'의 출현이 교회의 본질 잃음에서 비롯되었다고 주장한다. 다만 박종원은 앞선 연구들과 달리 또 다른 '가나안 성도'의 발생을 예방하기 위해서 교회가 올바른 복음 위에서 올바른 교회의 구조와 사역을 만들어야 한다고 주장한다. 그리고 '가나안 성도'들에게도 올바른 교회관을 확립하고 교회 공동체로 돌아오기를 촉구한다.

위의 연구들 이외에도 '가나안 성도'의 존재를 더 깊이 이해하고자 여러 연구가 진행되었다. 채병관(2016)은 한국의 '가나안 성도'와 영국의 '소속 없는 신앙인'을 비교한다. 일반적으로는 '가나안 성도'를 '소속 없는 신앙인'의 한국식 유형이라고 보지만, 채병관은 영국의 '소속 없는 신앙인들'이 문화적인 그리스도인으로 볼 수 있는 반면 한국 사회는 기독교 전통과 문화 위에 세워진 것이 아니기 때문에 '가나안 성도'가 문화 속에서 기독교인으로 살기 힘들다고 이야기한다. 또한 채병관은 세속화의 관점에서 '가나안 성도'는 '안으로부터의 세속화'의 사례인 반면 '소속 없는 신앙인'은 '밖으로부터의 세속화' 사례라고 이야기한다. 이때 안으로부터의 세속화는 종교의 쇠퇴가 아닌 변형의 형태를 말하고, 밖으로부터

는 포럼이다. 손원영은 2016년 1월에 경북 김천에 있는 개운사에 개신교인이 난입하여 불당을 훼손한 사건에 대해 불당을 회복하기 위한 모금 운동을 펼쳤고, 개운사와의 협의하에 성금을 레페스 포럼에 기부하였다.

의 종교의 쇠퇴를 의미한다. 즉, 채병관은 '가나안 성도'가 한국 종교의 변화를 드러내는 개념이라고 보고 있다.

임영빈과 정재영(2017)의 연구는 '가나안 성도'의 종교성을 다양하게 연구할 가능성을 제공해 주었다. 그들은 '가나안 성도' 안에서도 교회로 돌아가고 싶은 욕구가 있는 사람과 신앙을 버리지는 않았지만 돌아가고 싶은 마음이 없는 사람을 구분하여 후자를 탈종교인으로 분류한다. 종교가 없다는 의미의 무종교인 중에서 '교회로 돌아가고 싶은 마음이 있는 가나안 성도', '그렇지 않은 탈종교인', '전혀 종교가 없는 무종교인' 등으로 내부에서 분화 현상이 일어나고 있다는 것이다. 그래서 이들은 한국의 무종교인을 분석하는 것은 간단하지 않다며 이에 대한 다양한 연구가 나올 것을 요청한다. 비록 '가나안 성도'들에 대하여 구체적으로 살피지는 않았지만, 그러한 연구의 필요성을 언급했다는 의의가 있다.

이처럼 '가나안 성도'에 관한 관심이 만들어지면서 여러 연구가 나왔지만, 한편으로는 '가나안 성도' 개인의 다층적인 실천과 다양한 종교성을 들여다보지 못했다는 점에서 한계를 가진다. 양희송, 손원영, 박종원의 연구는 복음주의 입장에서 바람직한 교회가 무엇인지를 묻는 교회론의 입장을 견지하고 있다고 볼 수 있다. 이에 교회의 정상화에 초점이 맞춰지고, '가나안 성도' 개인의 상황과 선택에 대하여는 자세히 다루어지지 않는다. 정재영은 심층 인터뷰를 통해 '가나안 성도'의 목소리에 초점을 맞추었고, 다른 연구에서도(2013) '가나안 성도'들을 정체성이 뚜렷한 기독교인과 문화적인 기독교인, 구도자, 무신론자로 구분하면서9 그들의 다양한 종교성을 보고자 하였다. 그러나 이러한 차이가 어떻게 발생했는지에 관하여는 교회의 부족한 부분을 이야기하는 교회론적 접근을 하거나 역사적 접근을 통해 이야기할 뿐, '가나안 성도' 정체성의 사회문화적 형성 과정을 다루지는 못하고 있다.

그렇다면 이와 같은 한계는 어떻게 극복해야 할 것인가? 이를 위해서는 두 가지 전제가 필요하다. 하나는 '가나안 성도' 발생 원인을 역사적 맥락에서만 살피지 않으려는 자세이고, 다른 하나는 교회의 부족한 점에서만 찾지 않으려는 것이다. 먼저 전자부터 논의하자면, 앞서 살핀 것처럼 세속화 이론은 그 종류가 복잡하고 한국 사회의 적용 가능성을 생각하기에는 보다 많은 연구가 필요하다. 그러나 단순히 종교의 쇠퇴를 이야기하는 고전적 세속화 이론으로 '가나안 성도' 현상을 해석하는 것은 조심해야 한다. 고전적 세속화 이론의 접근은 세속화 이론을 둘러싼 거대 담론을 강화시키는 것일 뿐, '가나안 성도' 개개인의 특성과 종교적 지향에 대

---

9 이때 "정체성이 뚜렷한 기독교인들은 교회는 떠났지만, 여전히 스스로 기독교인으로서의 정체성을 가지고 있으며 성경의 내용들을 믿고 그것을 나타내는 하나의 징표로 내세에 대한 구원을 확신하는 사람들이다"(정재영, 2013, 91). "문화적인 기독교인들은 객관적으로 자신이 기독교인인지에 대한 확신은 부족하지만 자기 나름의 기준에 따라 스스로 기독교인이라고 인식하고 있는 사람들"(정재영, 2013, 91)이며, 구도자는 "스스로 기독교인이라는 정체성이 없지만 기독교를 포함한 여러 종교에 대해 호감을 가지고 있고, 그 안에서 진리를 추구하는 사람들"(정재영, 2013, 92)이고, "무신론자들은 기독교인의 정체성을 가지고 있지 않을 뿐만 아니라 종교 자체를 부정적으로 인식하는 사람들"이다(정재영, 2013, 93).

한 차이를 바라볼 수 없게 만들기 때문이다. 이에 정재영 역시 "우리 사회에서 교회를 떠나는 현상이 세속화의 영향인지를 단정하기는 어려우나 그 특성은 어느 정도 중첩된다고 할 수 있다"(정재영, 2013, 104)면서, 역사적 맥락을 다룰 때 고전적 세속화 이론을 기계적으로 적용하는 것에 대해 경계하였다. 또한 임영빈(2019)은 "현재 나타나는 종교 인구 감소 현상은 종교를 가진 사람이 주는 것이라기보다 제도 종교에 속한 사람이 줄고 있다고 보는 것이 더 타당하다"(103쪽)며 탈종교 논의 역시 인구 조사 결과에 따르고 있기 때문에 종교 자체에 대한 논의가 아니라 제도 종교 인구 증감에 관한 논의라고 보아야 한다고 이야기한다. 김현준의 입장도 비슷하다. 김현준(2017)은 '가나안 성도'들이 여전히 종교적 관심을 또는 수요를 드러낸다면서 한국의 종교 지형은 세속화 이론보다 오히려 탈세속화 이론에 부합하는 양상을 보인다고 주장한다. 즉, 이들은 공통적으로 세속화와 탈종교의 흐름만으로 '가나안 성도' 현상을 해석하는 것에 대한 우려를 표한다.

그러나 여전히 많은 신학계 연구와 교계의 반응에서 '가나안 성도'는 고전적 세속화의 표징으로 드러난다. 이러한 접근은 '가나안 성도'의 종교성에 부정적 색채를 주입하고 이들을 예방해야 할 대상으로 다룬다. 양희송, 정재영 등이 '가나안 성도' 현상을 분석하면서 이들이 비단 부정적 존재가 아님을 역설하였음에도 신학계 연구에서는 탈종교 맥락 아래 '가나안 성도'를 구제와 예방의 존재로 다루는 것이다. 가령 이경선·하도균(2019)의 논문은 '가나안 성도'를 개신교 집단과 무종교 집단의 경계에 서 있는 사람들이라고 부르면서 전도학적10 입장에서 '가나안 성도'들은 전도의 대상이라고 말한다. 장필조(2018)는 목회자의 쇄신을 통해 '가나안 성도'를 돌이켜야 한다고 말하였고, 더 나아가 문영호(2018)는 '가나안 성도'들의 교회관과 구원관에는 신학적으로 문제가 있다며 이들을 온전하지 못한 신앙인으로 규정하고 '가나안 성도'를 예방해야 할 대상으로 지목한다.

보수적 색채의 신학 논문일수록 정도는 더욱 심각하다. 마크 놀(Mark Noll)이 이야기하는 것처럼 복음주의권11 내에서는 회심과 십자가를 강조하면서 지적인 결과물을 등한시해 왔고 심지어 지성과 영성을 대립적 관점으로 여겨 지성의 개발을 차단해 왔기에 '가나안 성도'에 대한 반응에 있어서도 그들의 고민이나 신학적 쟁점을 토론하기보다는 회복과 회개의 당위성으로 그들을 대하는 경우가 많았다. 『가나안 성도 전도 전략』과 같은 책의 출판이 이

---

10 전도학은 20세기 말 기존 제도 개신교 교회의 지속적인 성장을 기대하기 어렵다는 전망이 일어나면서 미국연합감리교에 의해 만들어진 학문 영역이다(김남식, 2015). 이후 신학적 차원에서 보수적인 성향의 미국남부침례교도 열의를 보이면서 성장하였다. 자연스럽게 전도학의 관점은 신학 해석에 있어 보수적인 제도 종교의 관점을 따른다.

11 복음주의는 구원론이나 신론, 해석론 등의 복잡다단한 신학적 쟁점들이 내포되어 있어 간단히 정의 내리기 어려운 단어이다(류대영, 2009a). 그러나 연구 편의상 간략히 정의하자면, 속죄에 대한 신앙을 강조하는 신학적 보수주의라고 이야기할 수 있다.

러한 점을 보여준다. 기독교 상담학에서 나온 박성원·권수영(2017)의 '가나안 성도' 신앙 경험 연구 역시 '가나안 성도'들이 교회의 경험을 통해 교회 밖에서의 신앙생활을 유지할 수 있는 토대를 만들 수 있었지만, 공동체를 통해서만 얻을 수 있는 부분을 얻지 못하니 상담과 코칭이 필요하다는 범박한 결론을 냈다.

고전적 세속화 이론에서부터 탈종교 담론, '가나안 성도'에 이르는 논리 흐름이 주로 신학 연구에서 발견된다면, 교회론적 관점의 한계는 종교사회학에서 많이 발견된다. 종교사회학의 연구들은 종교에 대한 교리적 해석을 하기보다 '가나안 성도'의 삶 자체에 초점을 맞추어 다양한 방식의 연구가 가능했다는 장점을 가진다. 또한 세속화 이론에 대해서도 고전적 세속화 이론 적용과 거리를 두며 다층적으로 분석하고자 하였다. 그러나 많은 연구가 교회론을 넘어서 '가나안 성도' 개인의 구원론이나 기독론 또 거기에서 발생하는 실천들을 보지 못하고 있는데, 이는 연구자의 비판의식이 교회를 향해 있기 때문이다. 이러한 연구들은 '가나안 성도'의 경험 자료를 사회적 매개나 문화적 흐름으로 해석하지 않고 교회에 대한 불만 자체로 받아들여 교회의 쇄신을 요구한다.

3장

|

종교와
정체성

|

1. 종교와 종교적인 것

위와 같은 맥락에서 정재영(2008; 2013; 2014; 2015), 양희송(2012; 2014; 2017; 2018), 김현준(2017) 등과 같이 가나안 성도 현상에 대해 폭력적으로 규정하지 않으면서 그들의 종교성을 보려면 무엇을 살펴야 하는가? 먼저 '청년 가나안 성도'의 종교성을 살피려면 먼저 종교와 종교성에 대한 정의(定義)가 필요하다. 그러나 서론에서 이야기했듯이 종교를 정의하는 것은 쉬운 일이 아니다. 베버(1922)는 종교의 본질이 종교 연구의 관심사가 될 수 없다며 종교의 정의를 내리는 것에 대하여 소극적인 태도를 보인 반면, 뒤르켐(1912/2020)은 사회적 요소가 도덕적인 통일성을 만들고 이것이 집단적으로 표상되어 양심을 형성하면 종교가 된다고 이야기했다. 그리고 마르크스(Karl Marx, 1844/2011)는 주지하다시피 종교를 민중의 아편이라고 이야기할 정도로 비판적인 시각을 가지고 있었다.[1] 종교사회학의 기원을 열었다고 평가받는 학자들의 종교 정의도 제각기 달랐던 것이다.

이에 이 절에서는 종교와 종교성 개념의 변천을 살피고 '종교

---

1 마르크스(1844/2011)는 『헤겔 법철학 비판』에서 종교상의 불행이 한편으로는 현실의 불행의 표현이자 현실의 불행에 대한 항의라고 이야기한다. 그는 종교를 소외의 한 형식으로 바라보았는데, 종교는 인간의 내적 잠재력을 잃게 만들기 때문에 설령 종교가 사회적인 병리를 해결한다고 하더라도 사회 문제의 본질적인 부분은 해결하지 못하고 본질적 해결 가능성만 저하시킨다고 주장하였다.

적인 것'과의 비교를 통해 오늘날 한국 사회에서 드러나는 종교 현상에는 어떠한 종교 개념이 필요한지를 다루려 한다. 이러한 작업은 세속화 이론이나 탈세속화 이론 등 이론적 차원의 집단 규정을 벗어나 구체적인 '가나안 성도'의 가치체계와 그에 따른 행위가 기존의 종교적 실천과 어떻게 다른지 더욱 분명하게 드러내는 도구가 될 것이다. 또한 더 나아가 '가나안 성도'들의 종교 정체성이 어떤 방식으로 구성되어 있는지를 알려줄 것이다.

1) 종교와 종교성

종교사회학 학자들은 다양한 종교 정의를 본질적 정의(substantive definition)와 기능적 정의(functional definition), 두 갈래로 나누어 설명하였는데(김종서, 2005; 오경환, 1990), 이 두 정의는 각기 다른 장점과 한계를 가지고 있다. 먼저 본질적 정의는 특정 종교나 문화에 초점을 맞추기 때문에 역사적으로든 종교적으로든 종교의 범위를 제한적으로 만드는 경향이 있다. 특히 서구 종교학자들이 서구 역사의 경험에 근거하여 종교 정의를 내렸기에 비서구의 종교나 문화를 포괄할 수 없다는 점이 대표적이다. 또한 같은 문화 안에서도 어떤 종교를 중심으로 정의를 내리냐에 따라 특정 종교 외에 다른 종교는 종교의 테두리에서 부당하게 벗어나는 경우가 생길 수 있다. 반면 기능적 정의는 성스러운 체험이나 종교 경험이 없더라도 종교의 역할만 수행하면 종교로 볼 수 있기 때문에 종교의 외양이 넓어진다는 한계가 있다. 사회주의나 파시즘, 과학주의, 민주주의는 물론이고 심지어 아이돌 팬덤이나 스포츠, 예술까지 거의 모든 사회 현상이 종교로 포함될 수 있는 것이다. 이렇게 되면 개인의 종교 경험이 가지는 독자성이 무시된다.

그러나 종교의 정의를 본질적으로 내리든 기능적으로 내리든 종교가 사회와 개인에 대해 여러 가지 역할을 하고 있다는 점을 부인할 수는 없다. 버거(1969/1981)는 종교의 사회통합적 기능을 강조하며 종교가 사회제도에 타당한 존재론적 지위를 부여함으로써 사회제도를 정당화시킨다고 이야기하였다. 또한 엘우드(Robert S. Ellwood)는 종교가 사회 규제의 도구가 된다고 주장했다. 이외에도 많은 종교학자나 종교사회학자가 종교의 기능적인 역할들을 이론화하였는데,[2] 이처럼 종교의 기능에 초점을 맞추는 것은 종교가 사회에 어떤 영향을 미치는지 그리고 사회가 종교에 어떤 영향을 미치는지 상호관계를 살펴보기 위해서이다. 종교를 본질적으로 정의 내린다고 하더라도 특정 종교의 교리에 국한되지 않고 사회 현상을 관찰하려면 종교의 기능과 역할을 살펴보지 않을 수 없다.

이러한 소견은 종교성 개념에서도 크게 다르지 않다. '종교성'

---

2 이원규(2005)는 이러한 이론들을 종합하여 종교의 사회적 기능을 사회통합의 기능, 사회통제의 기능, 사회변형의 기능으로 분류하였고, 개인의 심리적 기능에 대해서는 긴장-해소의 기능, 박탈-보상의 기능, 정체성과 소속감의 기능으로 분류하였다.

역시 오래전부터 사용되어 왔음에도 불구하고 뜻이 통일되지 못하고 다양한 의미로 사용되었다. 특히 한국의 경우 종교성(religiosity), 종교 성향(religious orientation), 종교심(religious mind), 종교적 투신(involvement), 심지어는 영성(spirituality)까지 다양한 의미의 단어가 종교성이라는 단어로 통용되기도 한다. 그러나 종교성은 기본적으로 '개인의 종교적인 성향이나 정향'을 의미하기에 종교성에 대한 정의는 종교에 대한 정의에 따라 달라진다. 대표적으로 뒤르켐은 종교를 앞서 언급했던 것처럼 '성스러운 것에 연관된 신념과 실천의 통합된 체계'라고 보았다.[3] 그리고 이런 종교 정의 위에서 '신성하고 영적이며 초월적인 것을 향한 믿음'을 종교성이라고 이야기했다. 뒤르켐이 종교에 대한 정의를 본질적 정의로 한 것처럼 종교성 역시 본질적 정의 위에서 세워진 것이다. 이러한 본질적 정의에서 종교성(religiostity), 즉 '개인의 종교적인 성향'이라는 정의 중 '성향'은 '인간의 이해 범주를 벗어나는 현상이나 존재

---

3 그러나 뒤르켐의 성스러움(the sacred) 개념이 종교학 전통에서 이야기하는 거룩함(holiness)과 다른 의미라는 점을 짚고 넘어가야 한다(김종서, 2005). 종교학 전통에서 거룩함은 'holiness'나 'the holy'로 표현되었는데, 이 거룩함은 당시 프랑스 사회에 지배적이었던 가톨릭교회에 의해 가치가 부여되고 이성으로는 이해할 수 없다는 뉘앙스를 담은 단어였으나 뒤르켐의 성스러움은 가톨릭의 관점에서 벗어나 신에 대한 사회학적 분석어로 제시되었다. 따라서 성스러움은 속된 것(proface)과 반대말이고, 종교학 전통의 종교적인 것(religious)과는 다른 개념이다. 그러나 종교학이 발전하는 과정에서 뒤르켐의 성스러움 개념은 성과 속의 이분법적인 해석에 의해 변모되었고, 오늘날 뒤르켐의 성스러움 개념은 속세적인 것과 대비되는 개념으로 사용되고 있다.

를 인식하고 의존하는 성향을 이야기한다. 좁은 의미에서의 종교성은 위와 같은 종교성 정의에서 '의존'에 초점이 맞춰진다. 초인간적이고 궁극적인 존재를 경외하고 의존하는 마음을 좁은 의미의 종교성이라고 볼 수 있다. 반면 넓은 의미의 종교성은 '인식'에 초점이 맞춰져 있는데, 궁극적인 실재라고 볼 수 있는 영역을 경험하거나 인식함으로써 관계를 맺으려 하는 것이다.

이와 같은 본질적 정의 위의 종교성은 서구 종교학 전통에서 질과 양의 개념으로 인식되어 왔다.[4] 어떤 사람의 종교적인 성향이 얼마나 강력한지 수치화할 수 있다고 생각한 것이다. 그래서 지금까지 많은 연구는 종교성을 측정하거나 관찰하려고 시도하였고, 그 방법은 분과 학문의 특성이나 연구 질문에 따라 상이하게 선택되었다. 다만 종교성 자체를 가시적으로 관찰할 수 없는 바, 대다수의 연구들이 제도 종교와의 관계를 통해 종교성을 측정하려고 하였다. 그러나 본질적 종교성을 수치화해서 측량한다는 것에는 많은 어려움이 따르며 연구 결과에 있어서도 적지 않은 결함을 낳는다. 오경환(1990)은 이러한 결함을 다음과 같이 정리하였다. 첫째, 종교성의 척도를 만들면서 사용하는 질문들은 완전하게 중립적일 수 없다. 이는 종교성을 수량화할 수 있다고 생각했던 근대적 접근 방식에 대한 비판으로 연구자마다 각기 다른 기준을 제시하기에 객관적인 연구가 어렵다는 의미이다. 둘째, 종교성의

---

4 이러한 시도는 특히 양적 연구에서 많이 진행되었다.

다차원적인 측면을 다룰 수 없다. 이 지점에서 한내창(2004)은 오늘날 학계에서 사용되는 종교와 종교성이 서구적 전통, 특히 기독교적 특질에 의거하여 구성되었다며 동양 종교를 연구할 때는 기계적으로 적용시킬 수 없다고 비판한다. 동서양의 종교는 신관뿐만 아니라 종교의 경계부터 종교적 몰입이나 충성 등의 기준이 모두 다르다는 것이다. 셋째, 대다수의 종교성 척도는 제도 종교를 중심으로 만들어졌기에 확산 종교나 신종교의 경우에는 정확히 조사하기가 어렵다. 이는 특정 제도 종교의 신앙 행위와 신념 내용에 대해서는 수량화할 수 있으나 종교의 사회적 기능이나 역할을 보지 못한다는 것을 의미한다.

이러한 한계 때문에 최근 종교 사회학자들은 종교와 사회의 관계, 즉 기능적 종교성에 초점을 맞추는 경향이 나타났다(이원규, 1997). 그들은 '종교성', '종교적 헌신', '종교적 투신', '종교 성향' 등을 구분하면서 종교에 대한 개인적 성향을 구체적으로 다루고자 하였다. 이때 정의되는 종교성은 조직이나 종교 집단의 종교 성향이 아니라 개인적인 종교적 성향과 정도를 의미한다(한내창, 2001). 그러나 이 종교성 개념 역시 논쟁적이었는데, 그 이유는 이러한 종교성이 기존의 본질적 종교성보다 조작적 정의를 도출하기 어려웠고 그에 따라 측정 역시 쉽지 않았기 때문이다(이상숙, 2016). 개인마다 다른 신관과 종교관은 추상적이었기에 측정은 물론 묘사조차 어려웠다.[5] 또한 개인이 가지고 있는 종교성의 기준이 사람마다 달랐기에 비교하거나 분석하는 과정에서도 한계가 있었다.

이에 종교성의 차원 개념이 도입되었다. 종교성의 차원 개념은 본질적 정의에서 '개인의 종교적인 성향'이라는 단순한 명제가 가진 한계를 극복하고 개인이 어떤 방식의 종교성을 가지고 있는지, 종교적인 실천은 얼마나 하는지, 종교 신념의 강도는 어떠한지 등 다양한 질문을 다층적으로 던질 수 있게 만들었다. 지금까지 단일 차원의 종교성에서는 같은 기준으로 여러 사람의 종교성을 비교해야 하기 때문에 질적 특성을 비교할 수 있는 질문은 연구 참여자의 종교 유무나 제도 종교 가입 현황뿐이었다. 따라서 연구 참여자의 종교적 경험이나 신념의 다양성을 지나치게 단순화하였고 이는 연구의 신뢰도와 타당도를 떨어트리는 결과를 낳았다. 하지만 1960년대에 나온 다차원적 종교성 연구는 다양한 종교성이 서로 충돌할 수도 있고 인구학적 변수나 사회·경제적 변수 등 여러 변수와 종교성의 상관관계를 찾는 데 도움을 주었다. 대표적으로 글록(Rodney Glock)과 스타크(Charles Stark)는 종교성을 이념적 차원, 의례적 차원, 경험적 차원, 지성적 차원, 결과적 차원의 다섯 가지 차원으로 나누어 사람들의 다양한 종교성을 포착하고자 하였다(Glock & Stark, 1965). 이들의 다차원적 종교성 견해는 동료 학자들에게 동조를 받기도 비판을 받기도 하였지만, 종교성의 기

---

5 이에 종교성 연구는 종교사회학자보다 종교심리학의 영역에서 주로 다루어졌다. 종교의 다차원성을 이야기하는 글록과 스타크나 내재적, 외재적 종교성을 이야기한 올포트, 로스 모두 종교심리학자로 분류된다.

능적 측면을 다룬다는 점과 획일화될 수 없는 종교성을 보고자 하였다는 점에서 의의가 있다.

이후 종교성의 기능적 측면은 더욱 조명을 받았는데, 종교심리학의 올포트(Goldon Allport)와 로스(Jan-Michael Ross)는 종교성을 외재적 측면과 내재적 측면으로 나누었다. 내재적 종교성(intrinsic religiosity)과 외재적 종교성(extrinsic religiosity)[6]은 인종적이고 민족적인 편견을 설명하기 위해 제기된 개념으로, 내재적 종교성은 인생에서 종교를 가장 중요한 목적으로 생각하고 종교 외의 것들은 덜 중요하게 생각하는 종교적 성향이고, 외재적 종교성은 개인적인 목적이나 사회적인 목적으로 종교를 이용하는 도구적 지향이다(한내창, 2001). 그러나 내재적, 외재적 종교성 개념 역시 사회 현상을 포착함에 있어 많은 한계를 가질 수밖에 없었다. 외재적 종교성을 가진 사람들의 행위가 내재적 종교성을 가진 사람들보다 종교적인 경우도 있었고, 내재적 종교성을 가진 사람들이 타종교에 대한 배타성과 강박, 독단을 가지며 타종교인들을 박해하는 경우도 있었기 때문이다(이상숙, 2016). 또한 내재적, 외재적 종교

---

6 유교의 종교성을 연구하며 내재적, 외재적 종교성을 이야기한 한내창(2000)은 intrinsic religiosity와 extrinsic religiosity라는 단어를 내재적 종교성과 외재적 종교성이라는 표현 대신 본질적 종교성과 비본질적 종교성이라고 번역하였다. 이 연구가 종교성의 기능적 측면에 초점을 맞춘다는 점에서는 본질적 종교성과 비본질적 종교성이라는 표현이 더 적합하지만, 사전적 의미로는 내재적, 외재적이라는 번역이 본래 뜻에 더 가깝고 이미 학계에서 이 번역이 일반적으로 받아들여지고 있기에 본문에서도 내재적, 외재적 종교성이라고 표기하였다.

성의 기준이 모호하다는 비판도 제기되었다. 가령 사회적인 이익을 위해 신에게 기도하는 것은 신을 수단으로 삼기에 외재적이라고 볼 수도 있지만, 그것이 그 사람의 종교적 의미에서 만들어진 행위라면 내재적이라고도 볼 수 있다. 이에 대한 해석은 문화적, 사회적 맥락에 의해 좌우된다. 따라서 이들의 내재적, 외재적 관점은 많은 학자에 의해 비판·보완되었고 이후 조금 더 기능적 종교성에 초점을 둔 연구들이 시도되고 있다.

이처럼 종교성 개념은 다양한 관점에 의해 보완되고 발전해 왔다. 그러나 본질적 종교성을 상정하는 연구는 물론이고 다차원적인 종교성을 다루는 연구들도 여전히 각기 중시하는 특정 기준을 통해서만 종교성을 바라보고 개인이 생성하는 문화적 실천과 다차원적인 종교성을 통합적으로 보지 못하는 한계를 가지고 있다. 특히 한국 학술 장에서 생산되는 종교성에 관한 경험 연구들은 여전히 위와 같은 한계를 복합적으로 가지고 있다. 첫 번째 한계는 제도 종교 관점에서 벗어나지 못하고 있다는 점이다. 한국에서 종교성 개념은 '일반적인' 사회와 괴리된 연구 영역이었다. 따라서 종교성에 관한 연구는 대부분 제도 종교의 관점에 의해서 생성되었다. 특히 그중에서도 신학적 관점을 견지한 연구가 많았는데, 불교나 유교 신자에 대해서는 유일신에 대한 신앙을 중심으로 형성된 서구 전통의 종교성 개념으로 종교적 성향을 파악할 수 없었기 때문이다.[7] 일반적으로 유교의 종교성을 논할 때는 전통적 종교의 기준에서 유교가 부합되는지 질문하며 고대 유교 사상에서부터 종교성을 찾아 해석하는 작업이 주를 이루었고, 그 외에는 제사와 같은 제의에서 종교성을 찾고자 하였다(전병술, 2006). 불교적 종교성에 관한 연구에서도 서구 종교성 개념에서 다차원적인 접근을 활용하여 풀어내고자 하였지만, 그러한 연구는 미비한 상황이다(황광민, 2016). 반면 신학계에서는 종교성에 관한 연구를 많이 만들었지만, 이들은 기존의 서구 전통 관점으로부터 자유롭지 않은 경향을 보인다. 본질적인 종교성 개념을 중심으로 다차원적인 종교성은 물론 기능적 종교성 역시 외면하는 것이다. 두 번째 한계는 기존의 다차원적 종교성 연구처럼 종교성을 다양하게 본다고 하더라도 자신의 관점으로 세운 특정 변인을 위주로 연구하고 복합적인 접근을 시도하지 않는다는 것이다. 올포트와 로스의 내재적, 외재적 종교성을 사용하는 연구들은 종교적 행위의 목적에 대해서는 분석할 수 있지만, 신앙에 대한 회의나 비판적 시선을 담아내기엔 어렵다. 반면 벳슨과 벤티스의 추구 성향을 중심으로 하는 연구들은 제도 종교 중심의 가치판단에서 벗어나 종교적 회의와 통합 과정을 다룰 수는 있지만, 그들의 문화적 실천을 분석하는 점에서 한계가 있다. 특히 한국에서는 개인의 다양한 문화적 실천을 분석하는 틀이 본질적 정의의 종교성으로 다루어졌고

---

7 불교나 유교와 같은 동양 종교는 유일신에 대한 믿음이 아닌 개인의 수양을 통해 종교적 성향을 드러내기에 기존의 종교성으로는 분석하기 어려웠다(박수호, 2005). 이에 불교나 유교의 종교성 연구는 '불교적 종교성'이나 '유교의 종교성'과 같은 첨언이 들어간다.

기능적 종교성은 주목받지 못하였다. 따라서 제도 종교 중심의 종교관을 넘어 개인의 다차원적인 종교성과 문화적 실천이 어떠한 목적을 가지고 무엇을 지향하는지를 밝히고 사회적으로 어떤 역할을 하는지를 다룰 수 있는 '사회적 종교성' 연구의 필요성이 제기된다.

2) 종교적인 것

이러한 흐름 가운데 기존의 종교 개념을 넘어 '종교적인 것'(the religious)에 관한 연구들이 시도되고 있다. 독일 신학자 폴 틸리히(Paul Tillich)는 종교를 서구 중심적인 기독교적 맥락으로만 해석할 수 없다며 '종교는 문화의 실체이자 문화는 종교의 형식'이라고 주장했다. 또한 미국의 사회학자 베이커(Joseph O Baker) 역시 전통적인 의미에서 종교적이지 않은 사람들을 보아야 이 사회의 종교적 실체를 볼 수 있다고 이야기한다. 종교를 초월적 실체의 여부로만 경계를 지으면 현대 사회의 종교 현상을 제대로 인식할 수 없다는 것이다. 울리히 벡(Ulrich Beck, 2008/2013)도 종교가 이항대립의 논리에 따라 그 영역이 규정되는 반면 종교적이라는 형용사는 양측 모두를 포괄하는 방식으로 영역을 규정한다면서, 사람들이 자신의 삶에 던지는 실존적 질문에 접근하는 양상을 살펴야 한다고 주장한다.

이러한 요구는 한국 사회에서도 마찬가지로 제기되었다. 일찍이 종교철학자 정진홍(2003)은 종교에 관한 논의들이 규범적인 본질론의 자리에서 이루어지고 있지만, 종교에 관한 담론은 전통 종교 담론의 자리에 머무르지 않아야 한다고 이야기한다. 또한 그는 더 나아가 종교 현상도 인류의 문화 안에 있다면서 종교를 종교로 접근하는 것을 넘어서 지금-여기에서 살아가고 있는 사람들의 경험을 들여다봄으로 접근해야 한다고 주장한다. 그래서 정진홍이 강조하는 개념은 '종교 문화'이다. 종교란 '물음에 대한 해답'이 아니라 '물음에 대한 해답의 문화'이며 '해답의 상징 체계'이기 때문이다. 물론 그가 말하는 문화는 실존주의 철학에 기반을 둔 개념이기에 이론적으로 치밀하지는 않지만, 그럼에도 그가 지향하는 종교성은 보다 기능적이며 보다 넓은 범위를 가진다.

이들의 요구를 따르면 더 이상 본질적 종교 정의와 기능적 종교 정의의 양단에서 저울질할 필요가 없어진다. 현대 사회에서 중요한 것은 조직이나 제도로 경계 짓는 종교 개념이 아니라 개별 행위자의 성찰성과 그들의 삶에 일관성을 부여하는 '종교적인 것'이기 때문이다. 또한 종교와 '종교적인 것'의 차이는 비단 경계에서만 만들어지지 않는다. 제도 종교의 종교성이 추상적으로 '영성화'된 모습이라면 종교적인 것은 삶의 가치체계를 부여한다는 점에서 세속적이고 정치적인 것이다. 박일준(2020)은 이에 대해 '종교적인 것'이 우리에게 일종의 정치적 행동주의를 요구한다고 표현한다. 따라서 이를 관찰하는 작업 역시 본질적 종교성처럼 측량하는 것이 아니라 삶의 행위를 통해 그 양태를 살펴야 한다.

이러한 접근은 '청년 가나안 성도'의 종교적인 지향이 어떠한 지를 드러내는 것을 넘어 현대 사회 속 개인의 여러 실천이 어떠한 맥락에서 이루어지며 어떤 가치체계가 유입되는지를 파악할 수 있는 도구가 된다. 종교인의 정체성을 가지지 않은 사람에게서도 종교적인 가치체계를 발견할 수 있으며, 종교인의 정체성을 가진 사람에게도 종교적이지 않은 실천을 발견할 수 있다. 기존의 본질적 종교성과 긍정적 종교성이 비례한다는 공식에 균열이 생기는 것이다. 특히나 종교인의 정체성을 가졌지만, 이를 사회적으로 인정받지 못하는 사람들은 자신의 삶에 대해 어떤 의미를 구성하게 되는지 또 어떤 종교적 지향이 있는지를 살피는 작업은 개인에게 작용하는 권력 작용과 개인이 만들고자 하는 저항적 실천의 편린을 보여줄 것이다.

2. 정체성과 종교 정체성

'청년 가나안 성도'의 종교성이 기존의 본질적 종교성으로 포착되지 않고 '종교적인 것'으로의 확장을 통해 포착된다고 하더라도, 왜 그들은 스스로를 '성도'라고 생각할까? 이러한 질문에 답하기 위해서는 먼저 정체성과 '종교적인 것'의 관계를 살펴야 할 필요가 있다. 그러나 정체성과 종교적인 것 모두 고정적인 개념이 아닌 바, 이 절에서는 먼저 정체성 개념을 다루고 종교 정체성과 어떤 연관이 있는지 살피고자 한다.

　정체성은 심리학, 교육학, 철학, 사회학 등 다양한 분과 학문에서 활용되는 개념이다. 정체성 개념이 처음 다루어진 것은 철학과 논리학에서였지만, 윌리엄 제임스(William James) 이후로 심리학과 사회학 차원에서 다루어지기 시작하였다(양신혜, 2011). 이에 정체성 개념을 활용하는 방향은 물론이고, 그 개념 역시 학과마다 조금씩 차이를 보인다. 그러나 여러 방식의 정체성 활용도 서구 사회의 정치, 경제, 사회적 변화와 무관하게 일어난 것은 아니다. 스튜어트 홀(Stuart Hall, 1992/2000)에 의하면 서구 역사에서 정체성이 개념화되는 방식은 크게 세 번의 변화가 있었다. 그 첫 번째 변화는 계몽주의적 정체성의 변화이다. 홀은 18세기 르네상스의 휴머니즘으로부터 처음 '정체성'이란 개념이 만들어졌다고 이야기한다. 휴머니즘으로부터 탄생한 계몽주의는 종교개혁과 과학혁명을 등에 업고 인간의 사유를 주체 중심으로 변모하게 만들었다.[8] 이러한 주체 개념은 주지하다시피 데카르트(René Descartes)의 사유로부터 출발하였는데, 데카르트의 코기토(*cogito*)적 주체는 중세까지 전근대적 형이상학에서 지배적인 위치를 차지하던 객관적 실체로의 신을 밀어내고 객체와 분리되는 주체 중심의 근대적 형이상학을 만들어 냈다. 합리적이고 의식적인 모습으로 주체 개념이 만들어진 것이다. 이러한 계몽주의 주체 개념은 개인의

---

8 홀은 계몽주의적 주체를 개인주의적 주체 개념이라고 명명한다(Hall, 1992/2000).

정체성(personal identity)과 밀접한 연관을 가지는데, 주체가 개인의 내면 중심에 있는 합리성으로 상정되며 그 합리성은 개인이 존재하는 한 모든 시간과 공간에서 동일성(sameness)과 연속성(continuity)을 가지기 때문이다(정종은, 2006).

그러나 19세기 이후 다원주의 생물학과 사회과학이 부상하며 계몽주의적 주체 개념은 심각한 위협을 받았다(Hall, 1992/2000). 다원의 생물학은 이성을 중심으로 하는 인간관을 생물학적으로 바꾸었으며, 사회과학은 주체가 내면의 합리성이 아닌 사회적 관계에 의해 형성되는 것이라고 주장했기 때문이다. 이에 정체성 개념 역시 개인의 내면에서 형성되는 것이 아니라 외부를 내면화하면서 내면을 외부화하는 과정에서 만들어지는 것으로 이해되기 시작하였다. 홀은 이를 사회학적 정체성 변화로 이야기한다. 또한 홀은 개인의 내부와 외부의 쌍방향적인 영향을 가정하는 관점, 다시 말해 정체성을 자아와 사회의 상호작용에서 형성되는 것이라고 이야기하는 관점이 여전히 주체를 내면에서 완성된다고 본다는 점에서는 계몽주의적 주체 개념과 비슷하지만, 외부 세계의 영향 속에서 수정되거나 변할 수 있다는 점에서 차이점을 가진다고 이야기한다. 따라서 사회학적 정체성은 온전히 합리적인 개인의 것이 아니라 자아와 사회를 연결시켜 주는 것이며 사회의 의미와 가치를 내면화한 것이 된다.

마지막 변화는 20세기 후반에 들어 일어난 탈중심화이다(Hall, 1992/2000). 개인주의적 정체성이나 사회학적 정체성은 정체성의 형성과 성격을 다르게 보지만 그럼에도 불구하고 진정성(authen-ticity)을 상정하는 본질주의적 입장을 따르고 있는데, 20세기 후반에는 후기 모더니티의 탈중심화로 인해 기존 정체성 논의가 무의미해진 것이다. 홀은 탈중심화가 다각적으로 진행되었다며 다섯 가지의 흐름을 소개한다. 첫 번째, 탈중심화는 마르크스주의로부터 기인하였다. 알튀세르(Louis Althusser)를 위시한 구조주의적 마르크스주의자들은 인간의 보편적인 본질이 존재한다는 명제를 부정하며 구조와 사회적 실천의 관점에서 주체 중심의 정체성 개념을 비판하였다. 두 번째는 프로이트(Sigmund Freud)의 이론으로, 무의식의 상징적인 과정을 통해 정체성이 생성된다는 프로이트의 주장은 개인이나 사회로부터 영향을 받아 통합적으로 만들어진다는 정체성 개념을 파괴하였다. 특히 라깡(Jacques Lacan)에 따르면 정체성은 인간이 태어나면서부터 개인 내면에 내재한 것이 아니라 무의식적 과정으로 만들어지는 것이었다. 세 번째는 소쉬르(Ferdinand de Saussure)와 언어 구조주의 학자들에 의한 것이다. 소쉬르는 언어가 사회적 체계이지 개인적인 체계가 아니라며 개인이 사용하는 단어의 의미와 외부 실재의 연속성을 부정했다. 이에 소쉬르의 영향을 받은 데리다(Jacques Derrida) 역시 의미는 불완전하다며 개인의 정체성도 의미를 고정시킬 수 있는 것이 아니라고 이야기했다. 네 번째는 푸코의 생각에서 기인한다. 푸코는 규율 권력의 확립이 개인의 '유순한 신체'를 만들었고 개인 주체의 고립과 개별화를 낳았다고 이야기했다. 따라서 푸코에게 사유의

중심이자 진정성을 가진 주체 개념은 현대 사회에서 성립할 수 없는 개념이었다. 마지막 탈중심화는 페미니즘으로부터 영향을 받았다. '68혁명'을 위시로 한 신사회 운동은 다양한 사회적 정체성을 이야기하였고 그전까지 당연하게 받아들여지던 동질적 정체성을 사회적이고 정치적인 개념으로 만들었다. 홀은 이러한 일련의 과정을 통해 개인주의적, 사회적 정체성이 포스트모던적 정체성으로 변화했다고 이야기한다.

홀(1992/2000)은 이러한 역사적 변화를 바라보며 문화 정체성 개념을 제안한다. 그는 탈중심화된 포스트모던적 정체성이 극단적인 해체주의로 귀결되고 자아들 간의 연결 가능성까지 부정하고 있다면서 모든 정체성이 필연적으로 '문화'에 의한 정체성으로 볼 수 있다고 이야기한다. 홀에게 정체성은 스스로에게 부여하는 의미인데, 이것은 언제나 문화를 매개로 만들어진다는 것이다. 이와 같은 접근을 설명하기 위해 홀은 구성주의적 재현이론과 접합이론을 사용한다(정종은, 2006). 구성주의적 재현이론은 이데올로기의 작동 이전에 의미가 어떻게 생산되고 유통되는지를 드러내고, 접합이론은 서로 다른 이데올로기적 요소들과 사회적 세력 그리고 사회적 운동을 연결시킨다. 그래서 문화 정체성은 재현 체계와 그 규칙으로의 약호, 즉 사회적 조건 위에서 욕망에 입각한 가상적인 재현과의 접합, 다시 말해 특정한 재현 체계의 주체로 동일시할 때 만들어지는 것이다. 그리고 이러한 과정을 통해 형성되는 정체성은 언제나 무수한 의미작용 속에 권력이 개입함으로써

일시적인 멈춤이 일어나는 지점이다. 따라서 문화 정체성은 권력과 욕망의 관계에서 만들어지는 필연적인 허구성과 허구적인 필연성이라는 특질을 가지는데, 이와 같은 정체성을 연구하기 위해서는 위치성과 양가성 그리고 그것들이 만들어 내는 변증법적 운동성을 포착해야 한다. 정체성을 동질적이고 연속적인 개념으로는 가정한다면 이를 포착할 수 없다.

문화를 통해 스스로에게 의미를 부여한다는 홀의 정체성 개념은 종교 정체성과도 연결된다. 기존의 종교 정체성 혹은 종교적 정체성은 "나는 누구인가?"라는 정체성의 사전적 정의에 종교를 대입하여 "나는 종교적으로 누구인가?"라는 질문으로 이해되어 왔다. 이러한 정의는 당연히 종교에 대한 정의에 의해 답이 달라지는데, 앞서 언급했듯이 서구 역사 속에서 종교와 종교성에 관한 정의는 본질적인 정의로 내려지는 경우가 많았기에 고정적인 체계와 경계 지워진 종교 개념 위에서 종교 정체성이 다루어졌다. 서구 기독교의 체계가 역사적으로 고정된 적이 없고 문화적, 사회적, 지리적, 정치적, 사상적인 영향으로 변모해 왔음에도 이러한 형성 과정을 살피지 않고 시공간적 불변성 위에서 다룬 것이다. 그러나 사회학자들은 이러한 종교 정체성에서 벗어나 사회적, 문화적 요인을 보아야 한다고 이야기하였다. 뒤르켐(1912/2020)은 의례가 공동의 감정을 만듦으로써 동일한 종교 내 종교 정체성을 만든다고 주장했고, 기어츠(Clifford James Geertz, 1973/1998)는 종교를 문화 체계로 접근하면서 종교의 핵심을 구성하는 상징을 통해 의미 체계를 분석하고 이 체계를 사회구조적, 심리적 과정에 연결시키고자 하였다.9 또한 테일러는 개인의 삶이 어떻게 의미 화되는지를 정체성으로 보아야 한다며 자기 진정성(authenticity) 을 정체성의 핵심 개념으로 언급한다(Taylor, 1991/2019). 스튜어트 홀의 관점 역시 문화를 매개로 종교 정체성에 연결될 수 있다. 종교 정체성을 본질적인 종교 개념, 즉 초월적 신과 개인 내면에서 일어나거나 사회로부터 확정되는 동일적 성격의 것으로 보는 것이 아니라 문화를 매개로 개인이 스스로에게 의미 부여하는 과정을 다루는 것이다. 따라서 홀의 시각으로 종교 정체성을 다루는 작업은 개인 내면 혹은 종교적 관점에서 일관성 있는 정체성이 아니라 비동질적이고 비일관적인 정체성을 다룬다.

종교학에서도 기존의 종교적 정체성에 대해 비판하며 새로운 관점을 제시하고자 하였다. 박정수(2019)는 기존의 종교 정체성 개념들이 실제 역사 속에서 가변적일 수밖에 없는 종교를 획일적으로만 묶어내려 했다면서, 이 시도가 동질성을 통해 추구되는 자기 보존의 안정 욕구라고 비판했다. 또한 그는 이러한 정태적 종교성이 우월적 지위와 권력을 얻었을 때, 타자 억압과 왜곡이 일

---

9 기어츠(1973/1998)는 도덕적, 미적, 종교적 분위기인 에토스와 개인에게 사회질서를 만들어 주는 세계관이 종교의 성스러운 상징을 통해 매개된다고 주장하였다. 에토스는 종교의 권위와 특별한 감정을 불러일으키고, 세계관은 성도들에게 삶의 의미와 세계를 보는 관점을 질서 지운다. 종교적 정체성은 에토스와 세계관의 상호작용을 통해 성스러운 상징을 매개로 형성된다.

어날 수 있다고 이야기한다. 경계 지어진 체계로의 종교와 그렇지 않은 자연적 종교가 공존할 때, 정태적인 종교 정체성은 경계 밖 사람들을 타자화시킨다는 것이다. 이러한 흐름에 박정수는 정재현의 비동일적 종교 정체성 개념을 제시한다. 이는 정태적인 종교성, 즉 '있다'가 아니라 역동적이며 과정적인 '되어간다'를 통해 종교 정체성을 이해하자는 것이다. 정재현(1999)은 이러한 종교 정체성이 진리라는 명목으로 모든 것 위에 군림하려 했던 종교성을 부정할 수 있으며 이를 통해 타종교와의 공속이 가능해질 것이라고 전망한다.[10]

그러나 종교 정체성이 정태적, 본질주의적, 개인주의적 정체성을 벗어나야 하는 것은 맞지만, 그것이 사회적 정체성으로 가야한다고 귀결되는 결론만으로는 현대 사회의 종교 정체성을 다루기에 부족하다. 홀의 이야기처럼 다양한 문화 이데올로기가 개인의 의미화에 영향을 끼치는 오늘날, 경계 짓는 제도 종교 권력에 대항하려는 종교 정체성 개념만으로는 문화 체계가 어떻게 다양한 이데올로기와 접합하는지를 보지 못하기 때문이다. 따라서 '청년 가나안 성도'의 종교 정체성을 다루는 연구 역시 종교학적 관점

---

10 정재현의 이러한 종교 정체성 개념을 온전히 이해하려면, 먼저 그의 주체관을 살펴야 한다. 정재현은 홀이 언급했던 계몽주의적 주체관을 비판하며 현상학적 주체 개념으로 인간을 보고자 한다. 이때 현상학적 주체 개념은 존재보다 관계가 선재(先在)한다는 것으로, 비단 인간과 인간이 상호작용하며 관계가 만들어지는 것이 아니라 존재 이전에 관계가 있다는 관점이다(정재현, 2003).

에서 벗어나 다양한 지배 이데올로기와의 접합 관계 안에서 개인이 어떻게 스스로를 의미화하는지 보아야 한다. 다양한 종교성을 받아들이며 사회적 기능을 만들어 내는 그들의 종교 정체성은 단순히 종교의 틀 안에서 '되어가는' 개념이나 사회적 관계에 의해 생성되는 것으로 호도될 수 없다.

3. 정체성을 구성하는 이데올로기

기어츠(1973/1998)의 말처럼 이데올로기라는 단어는 역설적으로 이데올로기화되어 있다. 기어츠는 이데올로기라는 단어가 뚜렷한 사회적 현실조차도 적극적으로 왜곡한다며 이데올로기가 여전히 분석적 개념으로 남아 있는지 질문했다. 그러나 기어츠가 스스로 대답했듯이 이데올로기를 대체할 만한 용어가 없고 사회과학, 특히 문화연구에서는 기술적 용어로 확립되어 있기에 이데올로기 개념을 사용하는 것은 불가피하다. 마르크스는 이데올로기가 자체의 역사를 가지지 않는다며 사회 관념과 문화가 어떻게 작용하는지에 대해서 이론을 발전시키지 못하였다. 이에 홀은 의미가 담론을 통해서만 구성된다는 후기 구조주의의 담론적 전회와 담론적 구성체가 문화를 매개로 사회 전체에 확산된다는 문화적 전회를 수용하면서 이데올로기와 문화의 관계를 다루고자 하였다 (Hall, 1996/2015).

그렇다면 홀에게 이데올로기란 무엇인가? 홀의 이데올로기 개념은 홀이 알튀세르의 이데올로기 개념을 언급하는 부분을 통해 더욱 명확하게 드러난다(Hall, 1996/2015). 홀(1996/2015)은 알튀세르가 "이데올로기와 이데올로기적 국가 장치들"에서 진전된 입장에 도달하기 전 『마르크스를 위하여』에 나타난 편린들로 자신의 이데올로기 이론을 설명한다. 홀에게 이데올로기는 기본적으로 담론적이며 기호학적 성격을 띠는 것이다. 이 말은 이데올로기가 인간이 세계를 재현할 때 도구로 삼는 의미 체제인 재현 체제이고, 이데올로기적 지식이 의미 생산에 관여하는 실천의 결과라는 것을 의미한다. 그렇다면 모든 실천은 의미를 생산하는 담론에 해당하는가? 홀은 모든 실천이 의미와 재현이 상호작용하는 가운데 구성되기에 이데올로기 속에 있거나 이데올로기에 의해 각인되지만, 그렇다고 모든 실천이 담론, 즉 이데올로기일 뿐은 아니라고 이야기한다. 가령 물질적 상품을 만드는 실천이 바르트(Roland Barthes)의 말처럼 모든 사물이 의미작용을 한다는 차원에서는 이데올로기 속에서 작용하긴 하지만, 그렇다고 이데올로기적이지는 않다.

따라서 홀은 이데올로기가 실천 속에 물질화된 재현 체제이지만, 여기서 실천을 모든 사회적 실천으로 해석하면 어떠한 실천이든 이데올로기가 되어 버리기에 이런 태도를 경계한다(Hall, 1996/2015). 이는 기존의 고전적 마르크스주의가 주장하던 유물론을 정반대로 뒤집은 것에 불과하기 때문이다. 홀은 이 난제의 해답을 알튀세르의 개념에서 가져오는데, 알튀세르는 재현 체제를 하나의 체제가 아니라 여러 체제라고 표현했다. 재현 체제가 유일하지 않다는 점은 모든 실천을 지배 이데올로기에 종속되는 것을 막아주는데, 홀은 여기서 더 나아가 이데올로기가 담론의 연쇄를 이루며 여러 담론 구성체에서 작동한다고 이야기한다. 이는 사회 구성체에서 다양한 이데올로기 체제를 동원할 수 있으며, 각 이데올로기가 서로 투쟁하기도 하고, 재접합되기도 하며, 해체하기도 한다는 것을 의미한다.

그런데 재현 체제라는 추상적인 영역이 인간 개인에게 어떻게 작동하는가? 홀은 알튀세르가 인간의 삶이 단순히 생물학적으로 유지되는 것이 아니라 문화, 의미, 재현 내에 체험하는 삶이라고 이야기하는 지점에서 체험이라는 핵심 개념을 뽑아낸다(Procter, 2004/2006). 체험은 인간이 자신의 존재 조건을 경험하고 해석하며 의미를 부여하기 위해 다양한 재현 체제를 사용한다는 것을 의미한다. 그 결과 이데올로기는 같은 현실에서 대상이나 객관적 조건을 다르게 정의할 수 있게 된다. 그러나 홀에 의하면 알튀세르는 이 체험을 잘못 해석하고 있는데, 알튀세르는 사회관계[11]가 이

---

11 사회관계는 노동의 가치를 이야기할 때 언급되는 개념이다. 교환행위를 예로 들어 보자면, 두 명의 사람이 상품을 교환하는 상황에서 두 가지 의문이 생길 수 있다. 하나는 자본주의 경제에서 왜 교환행위가 발생하며 어떻게 반복되는가 하는 질문 이고, 다른 하나는 구체적인 교환행위 속에서 두 상품 사이에 교환비율을 결정하는 요인이 무엇인가 하는 질문이다. 여기서 첫 번째 질문에 대한 답이 사회관계이고,

데올로기적 재현이나 경험과 별도로 실재한다는 견해를 고수하기 때문이다. 홀은 체험이 경험의 영역을 함축하는 개념이기에 재현이나 이데올로기 범주 바깥에 있는 체험은 없고, 사회관계 역시 정신이나 사유와 상관없이 존재하지만 오로지 사유 속에서만 개념화될 수 있다고 이야기한다. 이러한 차이는 이데올로기에 대한 저항의 가능성을 만들어 내는데, 홀은 물론 우리가 이데올로기적 명제를 발화할 때 이데올로기의 분류 규칙과 체제를 인식하지는 못하지만, 이 체계는 언어규칙처럼 해체를 통해 합리적 검토와 분석을 할 수 있고 더 나아가 담론의 뿌리와 이데올로기 범주를 검토할 수 있다고 보았다.

이러한 시각을 통해 홀이 목표하는 것은 이데올로기 투쟁이다 (Hall, 1996/2015). 홀은 어떤 특정한 이데올로기적 연쇄의 의미작용이 발생하는 의미의 장을 검토하는 것은 중요한 일이라고 이야기한다. 홀에 의하면 역사적 형성의 계기를 살피는 것은 당시 지칭하던 사회관계가 사라진 뒤에도 의미의 흔적이 존재하기 때문

두 번째 질문의 답은 노동시간인데, 마르크스는 첫 번째 질문이 두 번째 질문보다 우선한다고 생각하였다. 자본주의의 특징이 착취와 생산의 무정부성이므로 자본주의 생산관계는 무엇보다 계급 간의 착취 관계와 경제 주체들 사이의 교환관계로 규정되는데, 여기서 착취 관계와 교환관계 등을 마르크스는 사회관계라고 불렀다. 마르크스는 자본주의 사회관계가 자본주의에 고유한 역사성을 가지며 상품, 화폐, 자본의 속성으로 구현된다고 이야기했다. 그리고 이러한 가치 형태는 행위자들에게 자연스럽게 행동 규칙으로 내면화된다(홍훈, 2006). 알튀세르 역시 이러한 사회관계 개념을 답습하였는데, 이데올로기와 경험에 앞서 사회관계가 선재한다고 보았기 때문이다.

에 이데올로기 투쟁의 가능성을 찾을 수 있다. 사람들이 특정한 이데올로기적 연쇄를 변화시키거나 단절시킬 때 투쟁의 장이 열리는 것이다. 홀은 특정 용어의 역사가 오래되면 쉽게 그 의미를 벗겨낼 수는 없지만, 특정 용어 자체가 구체적인 계급적 함축을 의미하지는 않기 때문에 함축적 의미 연쇄와 사회적 실천을 둘러싸고 투쟁을 벌인다면 개념의 의미가 변할 것이라고 주장한다. 그리고 어떤 용어를 이데올로기 이론 내에서 비환원론적인 방식으로 사고하는 이 투쟁은 사회적 재생산을 막는 투쟁으로 연결된다. 따라서 홀은 알튀세르가 말하는 것처럼 이데올로기가 사회적 관계를 재생산하는 기능만 하는 것이 아니라고 이야기한다.

이처럼 홀은 이데올로기를 '의미작용의 정치'에 관한 것으로 바라보았다. 하지만 홀의 이데올로기 개념을 사용하여 현상을 분석하려면 이러한 이해의 틀로 멈춰선 안 된다. 재현 체제가 유일하지 않다는 점은 지배 이데올로기 외에 다른 이데올로기의 존재를 가능하게 하지만, 여러 지배 권력이 이데올로기로 통합되는 과정을 다루진 못하기 때문이다. 홀의 접합이론은 이러한 문제를 해결하는 데 도움을 준다. 홀(1996/2015)에게 접합은 '복합적 통일성 속의 다양성'의 개념이다. 홀은 알튀세르와 그람시의 관점을 수용하여 구조적 통일성을 강조하는 구조주의에 반대하면서도 통일성과 다양성을 이율배반적으로 상정하지 않으며 구체적인 역사와 그에 작동하는 권력관계를 보고자 하였다. 이와 같은 시도가 필요한 이유는 이데올로기의 결정성이나 지배성 자체를 부정하면 저항이 성립할 수 없기 때문이다. 현실 사회에서 권력이 작동하고 있음은 부정할 수 없고 개인의 저항적인 실천 역시 존재하기에 홀은 '필연적인 비상응 관계'로 권력을 이야기하기 위해 접합 개념을 차용하였다. 따라서 접합이론은 사회구성체의 심급으로 이데올로기가 다양한 담론들 속에서 어떻게 구성되는지를 다룰 수 있게 해 줄 것이다.

이와 같은 홀의 이데올로기론과 접합 개념은 '가나안 성도' 현상을 역사나 교회의 관점이 아닌 사회문화적 관점으로 분석할 수 있게 만들어 준다. '가나안 성도'를 둘러싼 지배 권력들이 어떤 이데올로기를 생성하고 있으며, 개인은 이를 어떻게 내재화하는지를 보아야 한다는 것이다. 그리고 이데올로기를 호명의 관점이 아닌 저항의 가능성으로 생각할 여지도 열어 준다. 게다가 홀의 개념들은 이러한 연구의 필요성을 제기할 뿐 아니라 연구의 이론적 틀로서도 유의미한 방향을 제시한다. 이데올로기가 어떤 층위에서 어떤 사회적 맥락에 접합하는지 그리고 개인은 이에 대하여 어떤 이데올로기적 실천을 하는지 볼 수 있게 만든다. 이와 같은 접근은 왜 '가나안 성도' 정체성의 성격을 밝힘은 물론이고 현대 사회에서 '가나안 성도' 현상이 가지는 의미를 드러낼 것이다.

4. 개인의 실천 속 간파와 제약

폴 윌리스(Paul Willis)의 '간파'(penetration)와 '제약'(limitation)
개념은 구조주의적 성격이 강한 개념이다. 윌리스는 급진적 마르
크스주의자들의 경제 환원론적 분석을 거부하였지만, 학교를 계
급 재생산의 도구로 보는 시선에 동의하며 이데올로기 재생산의
수단이 문화라고 주장하였다(Willis, 1977/2004). 물론 이러한 차이
는 적지 않다. 구조주의적 환원론에서는 지배 이데올로기를 간파
될 수 없는 것으로 여기지만, 윌리스는 사회적 행위자들이 이데올
로기의 수동적 담지자가 아니라고 보기 때문이다. 윌리스는 행위
자들이 기존의 구조를 부분적으로 간파하면서 구조를 재생산할
수 있다고 상정한다. 그러나 윌리스의 관점에서 구조는 문화를 통
해 재생산될 뿐, 저항과 극복의 대상이 아니다. 이에 홀 역시 윌리
스의 저작을 두고 "폭넓은 관계의 결정적 영향력을 점차 고려하기
는 했지만, 비판적 민속학에 근거를 두며, 이렇게 제약받는 행위
자 집단의 경험과 이해를 부활시킨 입장에 근거한다. 이 저작은
이 계기가 다른 어떤 폭넓은 구조적 설명의 틀로 환원될 수 없다"
고 주장한다. "초창기에 나온 하위 문화 연구는 이러한 경향에 확
실히 근거하는 연구의 예"(Hall, 1996/2015, 256)라고 비판한다. 그
람시의 헤게모니 개념이 활용되기 전이라 이데올로기에 대한 역
사적이고 구체적인 저항 형태를 다루지 못하였다는 것이다.

그러나 다른 사회이론이 그러하듯, 간파와 제약 역시 텍스트

의 의미에 함몰되는 것이 아니라 텍스트가 쓰인 시대 상황과 저자의 의도, 오늘날의 사회 배경을 연결시켜 독해할 필요가 있다. 1977년에 쓰인 『학교와 계급 재생산』이 지구 반대편의 한국에서 오늘날까지도 읽히는 것은 대문자 문화연구의 창시자 중 한 명인 윌리스가 문화를 보는 관점이 이 시대에도 시사하는 바가 있어서일 것이다. 책이 쓰일 당시 영국을 비롯한 서구 학계는 마르크스주의와 구조주의가 지배적인 영향력을 행사하고 있었고, 이에 대항하는 문화주의는 구조주의와 섞일 수 없는 성질로 여겨졌다. 그러나 윌리스는 구조를 배제하지 않으면서 문화적 여건이 계급을 어떻게 재생산하는지 다루고자 하였는데, 이러한 시도의 목적은 노동계급 출신 학자로서 문화적 간파를 통해 구조에 저항할 가능성을 찾고자 함이었다. 이는 『학교와 계급 재생산』 후반부에서 '문화적 실천을 위한 구체적인 실천 방안'을 기술한 부분을 통해 드러난다. 또한 윌리스는 문화적 형태, 문화적 수준, 문화적인 것, 문화적 차원, 문화적 양식 등 문화적인 의미의 단어를 여러 형태로 사용하였는데, 윌리스는 그것을 명료한 분류 체계로 사용하고자 하지 않았고 독자가 개념화하는 것에 대해서도 반대하였다. 이역시 윌리스가 했던 이론 작업의 목적이 추상적인 이론을 설정하는 것보다 구체적인 문화적 실천을 낳고자 함이었음을 드러낸다. 따라서 간파와 제약 개념에 대해서도 개념의 배경이 되는 이론들이 시대적으로 뒤처졌다고 내치기보단 이 개념이 가지는 함의와 오늘날의 시대를 해석할 수 있는지에 대한 가능성을 보는 관점이 필요하다.

　이러한 가능성을 확인하기 위해 먼저 윌리스가 제시한 간파와 제약 개념을 정리하고자 한다. 간파는 "하나의 문화적 형태를 통해 나타나는 전체 사회 안에서 구성원들이 처한 삶의 조건들과 그들의 위치를 꿰뚫어 보려는 충동"(Willis, 1977/2004, 254)이고, 제약은 "문화적 통찰, 꿰뚫어 보려는 충동의 발전과 표출을 혼란 시키고 방해하는 여러 가지 장애 요소와 이데올로기적 영향"(Willis, 1977/2004, 254)을 의미한다. 그러나 이런 정의를 통해 간파를 구조에 저항적인 것, 제약을 구조에 순응적인 것이라는 이분법적 분류를 할 수는 없는데, 윌리스는 간파가 본질적으로 외적, 내적 제약들로 인해 다시 구조에 얽힌다고 보았기 때문이다. 같은 맥락에서 윌리스는 간파를 구조적 결정과 창조성의 양립이라고 이야기한다. 이때 윌리스는 창조성을 구조주의적 관점으로 바라보는데, 그는 창조성이 특정 주체로부터 나오는 것이거나 의도적으로 발생하는 것이 아니고, 독특한 능력으로 무제한의 결과를 산출할 수 있는 것도 아니라고 강조한다. 윌리스에게 간파는 하부구조적 결정 요소를 따라가기 때문에 창조성의 대상은 발견되는 무언가이지 상상되는 무언가가 아니다.

　하지만 그렇다고 해서 윌리스가 제약을 '이데올로기가 외부에서 구조적 힘을 작용시켜 간파를 막는 개념'으로 보는 것은 아니다 (Willis, 1977/2004). 윌리스에게 제약은 문화 내부에 작용하여 간파의 순수한 논리를 부분적으로 만들고 개인 주체로 하여금 스스로 재생산을 선택하게 만드는 것이다. 따라서 지배 이데올로기는 합의와 동의를 통해서 외부로부터 작용하면서 동시에 내부로부터 만들어진 주체적 선택을 통해 정당화된다. 이것이 바로 윌리스가 바라보는 문제의 핵심인데, 그는 단순히 문화와 구조의 관계를 통해 계급이 유지된다는 것을 문제 삼은 것이 아니라 특정한 계급 위치가 그 사람들의 자녀들에게 문화적 양식을 통해 대물림되고 재생산된다는 것을 겨냥하는 것이다. 이처럼 문화적 양식은 구조적 제약을 뛰어넘는 가능성을 수반하면서도 오히려 사회적 재생산을 북돋아 주는 문화적 재생산을 만들어 낸다. 윌리스는 문화적 수준이 지닌 특징으로 상징 체계와의 접합, 실제적 형태로 생산, 개인적 주관과 정체성의 맥락 제공을 꼽는데, 이러한 특징이 문화적 재생산을 만드는 데 사용된다고 이야기한다.

이와 같은 홀의 간파와 제약 개념은 이데올로기의 작용과 그 안에서 만들어지는 개인의 실천이 어떤 역할을 하는지 보게 한다는 장점이 있다. 다만 홀의 간파, 제약을 해석할 때는 유의할 점이 존재하는데, 앞서보았다시피 스튜어트 홀은 상징 체계와의 접합이나 정체성의 맥락 제공 등 이데올로기의 작동이 비단 지배 이데올로기에서 일어나는 것이 아니라고 보았다. 따라서 홀의 관점을 따른다면 비관적인 윌리스의 전망을 잠시 내려놓고, 간파와 제약 개념을 살펴볼 수 있다. '가나안 성도'라는 실제적 주체는 여러 이데올로기의 투쟁 안에 놓여 있다. 그러나 그들의 자기 인식이나 문화적 실천이 언제나 특정한 이데올로기적 연쇄에 변화를 일으키거나 단절시키는 것은 아니다. 문화적 실천을 하고 있음에도 지배 이데올로기의 의미작용을 따라갈 수도 있고, 지배 이데올로기의 의미작용을 간파하였으나 여러 가지 장애 요소로 제약이 걸릴 수 있다. 이에 이 글은 간파와 제약에 달린 구조주의 꼬리표를 떼고 '가나안 성도'의 정체성과 그에 따른 문화적 실천을 분석하는 도구로 활용하고자 한다.

4장

'청년 가나안 성도'들의
종교 정체성

1. 종교 정체성과 윤리성

본질적인 종교 정의 위에서 세워진 개신교의 종교성은 신과 같은 초월적 존재와의 관계로 규정되고 손쉽게 긍정적인 종교성으로 일반화된다. 이러한 종교성 개념은 개신교의 경계 안과 밖을 구분하며 올바른 종교 정체성을 제시하고 '가나안 성도'를 일탈자로 규정한다. 기존 연구에서는 설령 '가나안 성도'를 일탈자로 보지 않는다고 할지언정 본질적 종교성을 통해 '가나안 성도'를 바라보았다. '가나안 성도'는 일탈자가 아니라 교회를 나가지 않음에도 불구하고 구원의 확신이 있다는 식이다(cf. 정재영, 2014). 그러나 '가나안 성도'는 각자의 해석으로 종교 정체성을 만들며 살아가는 존재다. 특히 조성돈(2013)이 지적했던 것처럼 '청년 가나안 성도'는 기존과 다른 방식의 종교 경험을 공유하며 새로운 종교 정체성을 만들어 간다. 그리고 이들의 종교 정체성은 구원의 확신 여부와 별개로 특정한 문화적 실천을 만들어 낸다. 따라서 이러한 '청년 가나안 성도'의 종교 정체성과 문화적 실천을 보려면 기능적 종교성 개념으로 접근해야 한다. 이들이 만들어 내는 문화적 실천이 어떤 이데올로기와 접합하며 관계를 맺는지 살피는 것은 제도 종교의 시각을 벗어나 문화적 관점에서 사회와 종교의 관계를 재고하는 출발점이 될 것이다. 이에 이 글에서는 '청년 가나안 성도'가 어떤 문화적 맥락에서 스스로를 기독교인이라고 생각하는지, 그들의 종교 문화적 실천은 이데올로기와 어떤 관계를 맺는지 그리고 이러한 현상이 어떤 사회적 변화를 나타내는지 보고자 한다.

이와 같은 맥락에서 이 글은 '청년 가나안 성도'들을 대상으로 심층 인터뷰를 진행하였다. 대상에는 두 가지 난점이 있는데, 첫 번째는 '가나안 성도'가 누구를 지칭하는지, 두 번째는 청년의 범주는 어디까지인지다. 먼저 '가나안 성도'에 대해서는 정재영의 정의, "기독교인으로서의 정체성은 있지만 현재 교회에 출석하지 않으면서 개인적으로 신앙생활을 하는 기독교인"(정재영, 2015, 17-18)을 따르고자 한다. 다만 정재영은 이들 중에서 교회로 돌아가고 싶은 마음이 있는 대상을 '가나안 성도'라고 호칭하고, 그렇지 않은 대상은 엄밀히 말하자면 '탈종교인'이며, 종교가 없다고 생각하면 '무종교인'이라고 구분하였다. 하지만 앞서 살펴본 대로 종교성은 다차원적이기에 자신이 기독교인이라고 생각하면서도 교회나 대안 종교 모임에 참석할 의향이 없다던가, 심지어는 종교 자체에 대해서 무용하다고 생각하는 사람이 존재할 수 있다. 정재영이 임영빈과 한 연구의 분류 역시 마찬가지인데, 그들은 '무종교인'을 '정체성이 뚜렷한 기독교인'과 '문화적인 기독교인', '구도자', '무신론자'로 분류하였다(임영빈·정재영, 2017). 하지만 이 분류 역시 단편적인 분류로, 정체성이 뚜렷하지만 무신론자인 존재가 있을 수 있다.[1] 그리고 이들은 '탈종교인'과 '가나안 성도'를 구분해서 사용

---

1 정재영(2015) 역시 이 지점에 대하여 '가나안 성도'에 관한 실제 현상은 이념적 분류와 정확하게 대응하지 않을 것이고 몇 가지 유형이 중첩될 수도 있다고 이야기한다.

하였는데, '탈종교인'은 교회로 돌아가려는 생각이 전혀 없는 사람이고, '가나안 성도'는 돌아가고자 하지만 그렇지 못하고 있는 사람이라는 규정이었다. 하지만 인터뷰 결과 '가나안 성도'의 정체성이 고정된 것이 아니며, 교회로 돌아가려는 마음에 있어서도 정확하게 분류되지 않았다. 이에 이 글은 본질적 종교성을 기준으로 '가나안 성도'의 종류를 분류하지 않고 교회를 출석하지 않으면서 스스로 기독교인으로 정체화하는 모든 사람을 '가나안 성도'로 여기고자 한다.

또한 제도 종교로의 기독교는 가톨릭과 개신교로 나뉘는데, 이 글은 개신교 교회에 출석하지 않는 대상을 보고자 한다. 그 이유는 앞서 본질적이고 정태적인 종교 정체성이 가지는 폭력성과 한계를 언급한 것처럼 한국 사회에서 개신교는 다른 종교에 비해 종교의 경계가 뚜렷하기 때문이다. 박정수(2019)는 조선 후기 가톨릭 신앙 공동체가 근대 종교의 맹아였다면 개신교의 교회는 근대 종교의 완성이라고 할 수 있다며, 개신교의 종교 개념이 스스로를 자족적이고 무관계적인 체계로 경계 지었다고 비판한다. 그리고 이진구(2018a) 역시 『한국 개신교의 타자 인식』에서 한국의 개신교가 무엇이 '참종교'이며 '참기독교'이고 '참세계관'인지에 대한 질문을 통해 종교의 경계를 짓고 있다고 지적한다. 이러한 종교의 경계는 본질적인 종교 정체성을 거부하며 자신의 방식으로 기독교인의 삶을 살고자 하는 '가나안 성도'의 정체성과 문화적 실천을 더욱 뚜렷하게 드러낼 것이라 기대한다. 같은 맥락에서 '가나안 성도'가 갖는 '기독교인'으로서의 정체성은 개신교로 국한하지 않고 기독교 전체로 보아 역동적인 자기 인식을 포착하고자 한다. 정리하자면 이 글에서 상정하는 '가나안 성도'는 '그리스도교인[2]으로 정체성이 있지만, 현재 개신교 교회를 출석하지 않으면서 개인적으로 신앙생활을 하는 모든 사람'을 이야기한다.

다음으로, 연구 대상으로 청년을 상정하는 이유와 청년의 범주를 서술하자면, '가나안 성도'가 동질적 집단이 아니라는 점에서 시작한다. 각기 다른 종교성을 견지하고 있는 '가나안 성도'는 한국 사회에 본격적으로 등장하게 된 계기나 사건조차 존재하지 않는다. 양희송(2014)의 책으로 포착되고 이름이 붙으면서 용어가 대두하였지만, 그 이전에도 존재하였고 '가나안 성도'가 교회를 떠난 시기가 각자 다르다는 점에서 표집 대상을 구체화하는 것은 어려운 일이다. 하지만 그럼에도 불구하고 특정 연령대를 표집 대상으로 잡는 것은 유의미하다. 이원규(2015)의 말처럼 개인의 종교성은 연령대에 따라 차이가 있기 때문이다. 종교성과 종교 정체성은 초월적 신과의 관계뿐이 아닌 사회로부터의 영향을 받는다. 따라서 특정 연령대가 속한 사회집단의 세계관, 종교관, 인간관, 가치관 등과 완전히 구별되어 만들어지지 않는다.

하지만 김선기(2015)가 지적하였듯이 연령대의 구분이 동질적

---

2 기독교와 같은 의미이지만, 기독교를 개신교로 인식하는 개신교계의 관점으로 오인하지 않게끔 그리스도교라는 표현을 사용하였다.

경험을 보장하지 않는다. 또한 이러한 구분은 담론의 효과를 불러올 수 있다. 이에 특정 연령대의 사람들을 동질적으로 보거나 그들의 사회적 배경을 일반화하는 시각을 경계해야 한다. 이 점을 유의하면서 이 글은 20·30대 '가나안 성도'를 보고자 한다. 그 이유는 '가나안 성도'가 세속화의 징표이자 시대의 변화로 지목되기 때문이다. 정재영(2014)의 통계는 '가나안 성도'가 교회를 떠난 시기로 20·30대가 가장 많다고 이야기한다.3 그리고 정재영은 그 원인을 청소년기에서 성인이 될 때 개인이 접한 사회의 변화를 체감하고 정체성의 변화가 오는 것으로 추측한다. 이러한 추측은 세대론적으로 일반화되어 종교의 노쇠화와 탈종교 담론의 근거로 사용되는데, 시대적 흐름으로 지목되는 청년의 종교성을 바라보는 작업은 종교성의 다차원성과 사회적 기능을 더욱 뚜렷하게 보여줄 것이다.

또한 정재영의 주장이 개인의 정체성 형성 과정 내부에서 '가나안 성도'가 되는 계기로 청년을 지목했다면, 외부적인 축으로는 연구 배경에서 살핀 것과 같이 1980년대와 1990년대에 유입된 개신교 신자 층에 10대나 20대가 많았다는 점에서 이들의 자녀가 오늘의 청년층이라는 점을 보아야 할 것이다. 이러한 역사적 배경

---

3 정재영(2014)은 '가나안 성도'를 316명을 대상으로 통계를 내었는데, 이에 따르면 고등학교 이전에 교회를 떠난 사람은 20%, 고등학교 졸업 이후는 23.4%, 30대는 25%, 40대는 16.4%, 50대 이상은 15.3%이다.

에서는 오늘의 청년 개신교인 중에서 자신의 의지로 개신교인이 된 것이 아니라 태어날 때부터 신앙을 가져야 했던 모태신앙이 많았다는 것을 알 수 있다. 따라서 자연히 '가나안 성도' 중에서도 모태신앙이 많았으며, 연구 참여자에서도 한 명을 제외하고는 모두 모태신앙이었다. 이러한 특성은 '청년 가나안 성도'가 기존의 '가나안 성도'와 차이점을 가진다는 점을 알 수 있다. 김진호(2020)는 교회 내 변화를 기술하면서 소비사회로의 전환 속에 교인들이 교회를 '선택'하게 되었고, 이때 기존 교회에 실망하면서 교회를 떠난 사람들이 있다며 그들을 '실망 신자'라고 표현한다. 김진호에 따르면 이들은 자신을 실망시키지 않는 교회를 찾아 후발 대형교회로 정착하였다. 그러나 선발 대형교회에 실망했던 '실망 신자'와 다르게 '청년 가나안 성도'는 교회에 돌아가고 싶어 하는 마음이 크지 않다. 이들은 어릴 적부터 교회에서 자랐고, 교회에서 얻은 긍정적인 요인들을 꼭 교회에서만 얻을 수 있다고 생각하지 않는다. 이러한 차이점들로 인해 '청년 가나안 성도' 연구는 기존의 '실망 신자' 연구와 차별성을 갖는다.

한 가지 더 짚고 넘어갈 것은 '청년 가나안 성도'들의 평균적인 학력이 높다는 것이다. 연구 참여자에서도 한 명을 제외하고는4 전원이 대졸 이상이었다. 이러한 경향은 양희송(2014)이나 정재영

---

4 이 한 명 역시 사전 설문에는 고졸이라고 기입하였지만 대학교 재학 중이었고, 유학 경험이나 외국어 능력 등 적지 않은 문화 자본을 가지고 있었다.

(2015)의 책에도 기술되어 있다. 이는 첫 번째, 오늘의 청년세대 평균 학력이 높기 때문이다. 인구주택총조사에서 나온 통계에서도 2000년, 2005년, 2015년 평균 학력이 점진적으로 증가하고 있음을 알 수 있다. 두 번째, 이러한 경향은 문화 자본이 많은 고학력층이 '가나안 성도'가 되기 쉽다는 점을 방증하는 것이기도 하다. 오세일(2015)은 청년 세대를 두고 '사회실존적 취약층'이라는 표현을 쓴다. 청년들이 신자유주의 체제의 노동시장으로부터 압박을 받으면서 삶의 실존적 의미를 찾기 힘들어졌다는 것이다. 그러나 교회를 나가지 않으면서도 자신을 기독교인이라고 생각하는 '가나안 성도'는 각기 나름의 의미화를 거쳤다고 볼 수 있다. 이를 비판 없이 경제 자본과 연결시키기에는 무리가 있고 해당 연구로 별도의 필요성이 존재하겠지만, 문화 자본이 많은 계층에서 실존적 고민을 풀어낼 능력이 있다는 맥락은 현재 '청년 가나안 성도'의 특수성을 보여주는 것이기도 하다.

다음은 이 연구의 연구 참여자를 표로 정리한 것이다. 심층 인터뷰를 진행하기에 앞서 짧은 사전 설문을 받았으며, 여기에는 이름, 연령, 성별, 종교, 학력, 전공, 직업, 거주 지역, 신앙 연수, 불출석 기한, 모교회 교파, 모태신앙 여부, 대안 종교 참석 여부가 적혀 있다. 이는 연구 참여자의 특수성이 무엇인지 알기 위함도 있었지만, 그보다는 '가나안 성도'의 자기 서사와 스스로를 규정하는 언어가 어떻게 다른지 알기 위함이었으며, 본문에서도 인터뷰를 해석하는 데 도움을 주었다. 가령 종교란에 기독교라고 적는지, 개신교라고 적는지, 특정 교파를 적는지의 차이와 종교를 기술할 때 얼마나 고민하는지 등이 해석의 여지로 작용했다. 교회 불출석 기한에 있어서는 연구 참여에 따라 제한을 두지는 않았지만, 대다수가 20대 초중반부터 교회를 떠난 사람들로 구성이 되었고, B와 G의 경우에는 모교회를 떠나 이후 대안적으로 성공회 교회를 다니다가 최근에 그마저도 나가지 않게 되었다고 하였다. 지역과 출신 교파, 직업 역시 참여자를 구할 때 특정하지 않았지만 다양하게 분포되었다.

[표 3] 연구 참여자 정보

참여자 (가명)	연령 (만)	법적 성별	학력	직업	거주 지역	신앙 연수	불출석 기한	모교회 교파	모태 신앙 여부	비고
A	32	남	4년제 대학 졸업	건설업	사천	27년	6달	예장 합동	O	
B	27	남	대학원 석사 과정	대학원생	광명	26년	1년	침례교	O	대안 종교 모임 출석을 표기하였으나 실질적으로는 출석하지 않음5
C	30	여	4년제 대학 졸업	영업직	서울	24년	2년	예장 합동	O	
D	27	남	4년제 대학 졸업	직업군인	수원	22년	6년	예장 합동	O	
E	29	남	석사 졸업	무직	서울	25년	4년	예장 통합	O	대안 종교 모임 출석 미표기하였으나 정기적 종교 모임 참석
F	30	남	석사 졸업	상담사	포항	13년	6년	예장 고신	O	
G	31	남	4년제 대학 졸업	무직	서울	20년 이상	1년 반	성공회	O	
H	26	여	4년제 대학 졸업	IT업계	서울	18년	4년	예장 고신	O	

I	25	여	4년제 대학 졸업	배우	서울	21년 반	3년 반	예장 통합	O	
J	26	여	고졸	사무직	부산	10년	3년	예장 합동	X	모교회 목사 딸인 친구를 통해 교회에 감
K	28	남	4년제 대학 졸업	사무직	서울	20년	6년	예장 합동	O	
L	28	남	4년제 대학 졸업	아르바이트	서울	20년	7년	예장 통합	O	

　　본격적으로 '청년 가나안 성도'들이 특정한 사회적 조건 위에서 어떤 재현 체계의 주체로 스스로를 동일시하는지를 분석하기에 앞서, 홀의 문화 정체성 개념을 명확히 의미화할 필요가 있다. 홀을 비롯한 학계의 정체성 개념과 개신교의 정체성 개념이 다르기 때문이다. 물론 정체성이라는 개념 자체가 철학, 사회학, 심리학, 종교학, 교육학 등 많은 분과에서 각기 다른 방식으로 축적되어 왔기에 이를 '학계의 정체성' 내지는 '기존 정체성'과 같은 표현으로 묶는 것에는 어폐가 있다. 하지만 개신교와 개신교 신학에서 정체성은 "기독교인의 정체성은 기존의 정체성 이론으로 설명하기 어렵다"(박영수, 2020; 노재경, 2009)며 개신교 외부와 경계를 그어 왔기에 문화 정체성을 논하려면 정체성 개념을 둘러싼 조작적 정

---

5 B의 경우에는 사전 설문에서 대안 종교 모임에 출석한다고 표기하였지만, 인터뷰 결과 B는 실질적인 종교 모임이 아니라 모든 인간관계가 자신에게 종교적 의미를 부여한다며 대안적 종교 모임을 확대하고 있었다. 이러한 B의 응답은 B가 지향하는 종교와 종교성을 더욱 분명하게 밝혀주었다. 해당 내용은 이후 본문에서 자세히 언급하고 있다.

의의 차이를 알아야 한다.

개신교인에게 정체성이라는 단어는 익숙한 단어다. 개신교 신앙의 교리는 '구원의 확신'을 중시하는데, 구원의 확신은 일종의 자기 확신을 매개로 하기에 개신교 교회에서는 정체성을 강조해왔다(cf. 김완섭, 2020; Brown, 2010/2013). 개신교 설교를 찾아봐도 '기독교인의 정체성', '그리스도인의 정체성', '하나님 자녀로의 정체성'과 같은 제목의 자료들을 쉽게 찾을 수 있다.6 따라서 개신교인, 특히 모태신앙의 비율이 높은 '청년 가나안 성도'들은 정체성에 관하여 고민해 왔다. 문제는 이러한 개신교의 정체성 개념이 본질적인 종교 개념 위에서 만들어졌고, 본질적인 종교 관점에 따라 일관적이고 동질적인 형태로 그려진다는 점이다. 이와 같은 시각은 정체성이라는 개념을 이분법적으로 사고하게 한다. 사회적 조건들 속에서 변화하고 선택하는 개념이 아니라 획득해야 하는 것으로 그리는 것이다. 이에 개신교에서 이야기하는 '기독교인의 정체성'은 일상에서 얻을 수 있는 것이 아니라 0 아니면 100의 형태로, 기독교인이라면 응당 끊임없이 추구해야 하는 것이 된다. 이와 같은 본질주의적 정체성 개념은 신학 논문이나 설교에서 쉽게 찾아볼 수 있다.

---

6 유튜브를 검색하면 사랑의 교회 고 옥한흠 목사, 분당우리교회 이찬수 목사, 예수세대운동(JGM) 대표 다니엘김 목사 등 개신교계에서 이름이 알려져 있는 목사들의 설교가 부지기수로 나온다.

기독교인의 정체성은 자신과 교회는 물론 하나님과의 관계에서 이루어진다. 기존의 정체성 이론으로는 설명하기가 어렵다. 파울러는 에릭슨의 자아발달 이론을 신앙 발달과 비교분석하여 이를 하나님과의 관계에서 재맥락화를 시켰다는 데에 그 의의가 있다. 특히 그가 웨슬리의 성화 관점을 차용했는지는 불분명하지만, 기독교인의 정체성은 하나님을 닮은 성스러운 존재로 변화 발달하는 데에 그 중요성이 있음을 강조했다. 그의 이론은 기독교인들이 추구해야 하는 삶의 정체성의 목표와 세상 속에서 살되 세상에 물들지 않고 세상을 통합하는 고차원의 정체성의 방향을 제시했다는 데에 그 의의가 있다고 할 수 있다(박영수, 2020).

이렇게 광대하신 하나님, 이렇게 절대 거룩하신 하나님이 우리를 창세 전에 아들로 삼으시고 예수 믿은 순간부터 우리를 자기 아들로 받으셨다는 것입니다. 우리에게 문제는 뭡니까? 이런 놀라운 사실을 알고는 있어요. 그러나 너무 건성으로 알아요. (중략) 하나님이 진정 내 아버지 되시고 내가 그분의 아들 된다는 것을 존재 자체가 알고 전율할 정도면요, 그 입을 열고 하나님을 찬송하지 아니하면 안 됩니다. 두 손을 들고 하나님 내가 무엇인데 주여, 나 같은 것을 아들로 삼으셨나이까 하고 펄쩍펄쩍 뛰지 아니할 수가 없어요. (중략) 그런데 이러한 반응이 우리에게 일어나지 않는다는 것이 답답하다 이 말이에요. 그러므로 우리는 하나님 앞에 기도해야 합니다. 이게 정상이 아닌 것 같은데 좀 알게 해 주세요(옥한흠, "기독교인의 정체성 바로잡기").7

이처럼 기독교인의 정체성은 본질주의적 신을 지향하고 갈망하는 태도이기에 개신교에서는 정체성이 긍정적인 종교성의 여러 요인과 상응하는 개념으로 그려진다. 다시 말해 개신교적 정체성이 있으면 신의 뜻에 부합하는 삶을 사는 것이기 때문에 자연스럽게 윤리적, 도덕적 삶을 지향하며 정상적이고 행복한 삶을 누릴 수 있다고 생각하는 것이다. 또한 정체성과 윤리를 비례한다고 가정하는 명제가 절대적인 진리로 고정되면서 그 '대우'(contrapositive) 역시 진리가 된다. 삶이 윤리적이지 않으면 개신교적 정체성이 확실하지 않은 사람이다. 이와 같은 도식에서 신은 절대적 선의 개념이기 때문에 현실 세계에서 반례가 있다고 하더라도 명제 자체는 틀린 것이 아니다. 가령 기독교 정체성이 확실한 사람이 윤리적이지 않은 행동을 하면 그 사람은 잘못된 정체성을 가진 사람이거나 윤리의 기준이 사람의 시각과 '하나님'의 시각이 다르기에 자기 자식을 죽이려던 아브라함의 사례[8]처럼 인간은 이해하지 못하는 절대적 선을 지향하는 것이라고 생각된다.

이처럼 기독교인 정체성을 바람직한 신앙의 척도로 삼는 도식은 '가나안 성도'에 대해서도 긍정적인 종교성을 갖추지 못한 존재

---

7 (URL) https://www.youtube.com/watch?v=AOHbPwT69CQ&t=1055s. "옥한흠 목사 명설교 '기독교인의 정체성 바로잡기' 다시 보는 명설교 더울림."

8 창세기 22장. 아브라함은 늦게 얻은 자식 이삭을 죽여서 제사를 드리라는 하나님의 명을 듣고 아들을 죽이려 하였다. 아브라함이 이삭을 죽이려던 순간 하나님이 이를 말렸고 믿음을 확인받은 아브라함은 이후 '믿음의 아버지'로 불렸다.

로 인식하게 만든다. 신학적 관점의 '가나안 성도' 연구에서도 이러한 인식이 드러나는데, "'가나안 성도'가 영혼 구원의 축복을 누리는 것과 더불어 그리스도의 온전한 제자로 성장하며 이 세상 속에서 하나님의 통치를 실현하며 살아가도록 돕는 것이 되어야 할 것이다"(이경선·하도균, 2019, 373)라거나 "'가나안 성도'들에게 진정한 신앙인의 모습이 무엇인지를 성경적으로 제시해 주고, 신앙이 삶 속에서 구체적으로 실천되고 체험될 수 있도록 도와야 할 것이다"(이경선·하도균, 2019, 374)라는 표현처럼 '가나안 성도'를 온전하지 못한 기독교인으로 그리는 것이다. 그리고 온전하지 못한 '가나안 성도'는 도덕적, 윤리적으로도 올바르지 못한 삶을 사는 존재로 인식된다. 문영호는 "오늘날 '가나안 성도' 가운데는 종교 다원주의적 구원관이나 무교회주의자처럼 살려는 자유방임적 모습을 보이고 있다"(문영호, 2018, 34)면서 구원에 관한 '제대로 된 인식'이 없으면 "한 번 구원받았기에 어떤 죄를 지어도 천국 갈 수 있다고 말하며 자유주의나 윤리적 방종의 삶을 산다"(문영호, 2018, 144)고 이야기한다.

'가나안 성도'를 일탈자로 바라보는 시각에 대해서 비판을 가하는 연구도 그들의 종교 정체성을 판단하는 기준은 크게 다르지 않았다.

정재영(2015)은 기독교인 정체성의 강약을 구분하여 '가나안 성도'들을 네 가지 유형으로 분류했고, 상당수의 후속 연구는 이러한 도식을 따랐다. 정재영이 정체성의 강약을 구분하는 기준은 구원관이나 신관 등 신학적인 기준이었다. 물론 이 연구들은 신학적 연구들과 달리 '가나안 성도'들을 윤리성이 없는 존재로 규정하지는 않는다. 오히려 기존 제도교회가 가지고 있는 윤리적 문제들을 짚어낸다. 그러나 본질적 종교에서의 종교 정체성과 기능적 종교 정체성을 구분하지 않는 태도는 기독교인 정체성과 긍정적인 종교성의 비례 도식을 끊어내지 못했다. 기독교인 정체성과 무관하게 개인의 윤리관이 존재할 수 있음을 이야기하지는 않는 것이다. 게다가 전반적인 '가나안 성도' 현상을 포착하려는 작업이기에 구체적으로 바라보지 못했던 문제, 즉 '가나안 성도'가 어떤 윤리적 지향을 가지고 어떤 실천을 하고 있는지에 대해서는 다루지 못했기 때문에 기독교인으로의 정체성이 약한 '가나안 성도'는 윤리성이 약하다는 시선에 대한 반대 담론을 만들지 못하였다.

그런데 '가나안 성도'는 정말 윤리성이 없는 존재인가? 심층 인터뷰 결과 오히려 '청년 가나안 성도'는 강한 윤리적 갈망을 가지고 있음을 확인할 수 있었다. 그뿐만 아니라 윤리적 갈망으로 인해 '가나안 성도'가 된 사람도 존재했다. 이들은 기존의 제도교회가 자신들이 궁금해하는 윤리적 기준을 제시하지 못하거나 오히려 잘못된 윤리관을 심어준다는 생각이 들어 교회를 떠났다고 이야기했다. 예를 들어 B의 경우에는 교회를 다니면서 어떤 행위는 왜 해야 하며, 어떤 행위는 왜 하면 안 되는지 교회와 세상의 기준이 다르다는 점에 대해서 윤리적 의문을 가지고 있었지만 답을 얻을 수 없었는데, 군대에서 이러한 고민이 증폭되었고 결국 교회를 떠나게 되었다고 이야기한다. 그리고 D는 교회의 설교에서 아무리 이해하려고 해도 납득되지 않는 점들 때문에 교회를 떠났다고 말했으며, F는 지금도 윤리적 고민을 하고 있고 윤리적 문제를 해결할 수 있다면 다시 교회를 나갈 의향도 있다고 이야기했다. '청년 가나안 성도' 개인이 윤리적 문제로 인식했던 지점이나 윤리적 고민을 안겨준 계기는 각기 다르지만, 이들은 공통적으로 기존 개신교 교회에서 윤리적 갈망을 느꼈던 것이다.

B: 군대에 있을 때, 술에 대해서 어떻게 생각해야 할까? 섹스에 대해선 내가 어떤 식으로 바라봐야 할까? 동성애에 대해선? 기독교인의 사회적 실천은 어떤 것이지? 여러 가지 고민이 많았어요. (중략) 학생일 때는 기독교인만 만났지만, 군대에서는 다 너무 다른 사람들을 만나면서 중심을 못 잡겠는 거예요. 그런데 기독교인이 아닌 사람들 안에서도 어떤 사람들은 굉장히 선하게 인생을 살아가고자 배려하고 남을 챙겨주는, 기독교적으로 말하면 예수님처럼 살아가는 사람이 있고, 기독교인이라고 말하면서도 진짜 개판인 놈들이 있고. 그거 보면서 '내가 기독교인'이라고 말하는 것은 무슨 의미가 있지? 고민했어요.

D: 윤리나 당위적으로, 기존 교회에서는 당연하게 이야기했던 것들에 대한 질문을 갖게 되면서 '아, 성경을 되게 배타적으로 이해하고 있구나'가 되고. 그래서 점점 더 듣기 불편해지고. (기존 교회가) 하나의 정답이고 그들이 말하는 게 진리인 것처럼 대하는 태도들을

보면서 교회에 못 나가게 된 것 같아요.

물론 '청년 가나안 성도'들이 윤리적 고민을 하게 된 시점과 '가나안 성도'가 된 시점이 인과적으로 얽혀 있다고 보기는 어렵다. '가나안 성도'로의 정체성이 생긴 전후 변화를 묻는 연구자의 질문에 대해 많은 연구 참여자가 변화 양상보다도 그 시점을 명확하게 규정하는 것에 대한 난색을 표했다. 기존 교회에 윤리적 불만이 있었고, 동시에 '가나안 성도'가 되면서 윤리적인 지향이 뚜렷해졌다는 것이다. 하지만 이를 인과적으로 엮을 수 없다는 점이 윤리적 고민과 '가나안 성도'의 정체성에 관계가 없다는 의미는 아니다. 오히려 이러한 고민들이 만들어지면서 기존 교회의 본질적 종교 정체성에 거리를 두게 되고 고민하는 시점들이 엮여 왔기에 '가나안 성도'로의 정체성과 윤리성에 관계가 있다는 점이 더욱 강하게 확인된다.

> 연구자: 그런 윤리관의 변화가 '가나안 성도'가 되는 원인이라 할 수 있을까요? 아니면 결과라고 할 수 있을까요?
> E: 과정에 있어요. 동시다발적인 것 같아요. 그러니까 '가나안 성도'의 원인, 결과를 말하는 것은 좀 어렵고, 대부분의 사람이 그럴 건데, 가속화를 시켰다고 할 수 있을 것 같아요. '가나안 성도'가 되게끔. (중략) 윤리관(윤리관의 변화)이 먼저 선행하고, '가나안 성도'가 된 것인지 단언하기에는 사람의 삶이 복합적이고 동시다발적일 것

같아요.

　'청년 가나안 성도'의 윤리적 지향은 '가나안 성도'가 왜 교회를 떠났는지와 같은 표면적 질문으로 알아내기 어렵다. 정재영(2015) 의 설문지도 '가나안 성도'가 교회를 떠난 이유를 물으며 ① 신앙에 대한 회의, ② 목회자에 대한 불만, ③ 교인들에 대한 불만, ④ 자유로운 신앙생활을 위해서 등과 같은 보기를 제시하였는데, 심층 인터뷰 결과 표면적 이유가 어찌 되었든 근본적으로 이들에게 이러한 불만이 제기된 것은 자신이 생각하는 윤리적 실천과 기독교의 실천이 상이했기 때문이다. 정재영 역시 심층 인터뷰를 통해 '가나안 성도'들의 관심이 신앙과 삶의 불일치에 있다며 그들의 윤리적 갈망을 짚어냈지만, 이를 통해 현재 제도교회의 성찰을 요구할 뿐 본질적 종교 정체성과 윤리성의 관계를 끊어내지는 못했다. 실제로 "비록 교회는 떠났지만, 뚜렷하게 기독교인으로서의 정체성을 가지고 있으면서 나름대로 삶 속에서 신앙을 실천하며 살려고 노력하고 있는 '가나안 성도'들이 많다"(104쪽)거나 "이와 같이 '가나안 성도'들은 기독교인으로서 구원의 확신을 갖는 것도 중요하지만, 더 중요한 것은 그리스도를 영접한 이후의 삶이라고 생각한다"(104쪽)는 표현은 교회와 관계없이 기독교적 정체성과 윤리성의 관계가 견고하다는 것을 보여준다.

2. '청년 가나안 성도'의 기독교 교리 전유

　윤리적 고민을 하던 '청년 가나안 성도'들은 개신교 교리에 대한 의구심을 가지고 획일화된 개신교 신앙에 반기를 들었다. 이는 이들의 인생에서 큰 변곡점으로 작용하는데, 모태신앙인 '청년 가나안 성도'들은 태어날 때부터 종교가 정해져 있었고 생각과 행동이 개신교 교리 밖을 벗어나선 안 된다고 교육받아 왔기 때문이다. 이러한 성장 배경에서 자란 기독교인들은 인생에 대한 실존적 질문이 생기기 전에 실존에 대한 개신교의 정답을 학습하게 되고, 그 결과 역설적으로 종교적 사유가 제한된다. 그러나 연구에 참여한 '청년 가나안 성도'들은 각자의 계기를 통해 지금까지 자신이 서 있던 세계관이 무너지는 경험을 하면서 실존적이며 종교적인 사유들을 발전시켰다. 특히 그 과정에서 몇몇 '청년 가나안 성도'들은 신학에 대한 관심이 생겼음을 이야기했는데, 이들은 자신의 정체성을 합리화하기 위해서 교리적, 신학적 사유가 필요했다고 말했다.

> D: 신학에 대한 관심이 있었죠. 오히려 신학적인 관심이 더 커지는 것 같아요. 왜냐하면 더 알면 알수록… 한국 사회에서… 자기 신앙에 대해 고민하고 신학적으로 공부하는 사람이 '가나안 성도'가 되는 경우가 더 많은 것 같고, 그런 맥락에서 '가나안 성도'가 되면서 조금 더 찾아보게 되고? 더 관심이 가는 게 분명히 있는 것 같아요. 저는

더 어쩔 수 없는 게 모태신앙이고 그렇게 20년을 넘게 살아온 관성이 있고, 토대가 기독교이기 때문에 그게 어떻게 보면 내 스스로 신학적으로도 신앙적으로도 내가 '가나안 성도'가 된다는 것 자체를 합리화시키는 과정이 필요하고, '가나안 성도'가 된 후에도 내 토대는 버릴 수 없는 거기 때문에 그런 거(신학)에 대한 관심은 계속 제 안에 남아 있는 것 같아요.

물론 모든 사람이 신학을 공부하려 하거나 자신만의 확고한 생각이 있는 것은 아니었다. 기존의 교회에서 말하는 윤리관과 자신의 윤리관이 부딪힐 때, 이를 해결해 가는 과정은 개인마다 다르고 거기서 도출되는 결과 역시 조금씩 다른 양상을 보이기에 이와 같은 과정을 특정한 방식으로 일반화할 수는 없다. A의 경우에는 개신교 교리에 의구심이 들어서 신학을 공부하려고 했으나 자신의 성향이나 취향과 맞지 않다는 사실을 깨달았다고 이야기한다. 또한 I는 신학적 사유 자체에 대해서 반감을 드러냈다. 기존 교회에서 신의 이름으로 누군가를 규정하고 판단하는 것이 옳지 못했던 것처럼 자신 역시 신학적 사유를 통해 무언가를 판단하기 싫다는 것이었다. 하지만 이들의 사유가 기존 개신교의 교리 해석으로 돌아갔다고 보기는 어려웠다.

연구자: 그러면 그렇게 고민하면서 신학을 좀 알고 싶다는 생각이 든 적 있나요?

A: 있었죠. 어쨌든 그런 과정 속에서 뭔가 보수적인… 그런 가치관 같은 게 깨지다 보니까 '그러면 어떤 가치관으로 살아야 하지?' 그래서 뭐 읽어보려고 하고 했었는데, 도저히 뭐… 라이트하게 해서는 해결이 안 될 것 같아서 할 엄두가 안 나더라고요. 그래서 책 몇 권 읽다가 포기했어요. (중략) 그래도 교회는(교회에서 말하는 교리 해석은) 아니니까.

또한 연구 참여자 중 일부는 교회를 떠나기 전 윤리적 갈망을 채우기 위해 교파를 옮기거나 대안 신앙 모임을 찾아가는 등의 노력을 하였다. G는 윤리적 고민이 있던 중 새로운 시각을 제시해 줄 수 있는 성공회 교회를 찾아갔고, 그곳에서의 신앙생활을 영위하다가 최근 그조차 나가지 않게 되었다고 이야기했다. 그리고 E는 인터뷰 사전 설문에서 대안 종교 모임을 하지 않는다고 이야기했지만, 지금도 개방적인 신학 색채를 가진 교회에서 예배 이후에 있는 모임에는 참석하면서 신학적 고민을 이어간다고 하였다. I의 경우에는 교회를 떠나게 된 강력한 계기가 있었는데, 아버지가 자살로 소천하시면서 "자살하면 지옥 간다"는 한국 개신교의 교리 해석으로 인해 여러 고통을 받았다. 이에 본인이 다니고 있던 대학의 목사를 찾아갔고, 개방적인 시야를 가지고 있던 목회자를 통해 윤리적 방향을 찾고자 하였다. 각자의 고민 내용이나 대안적 방법은 다르지만, 이들은 결국 '가나안 성도'가 되는 과정에서 끊임없이 윤리적 신학 해석을 찾았던 것이다.

이처럼 신학을 경유하든 경유하지 않든 '청년 가나안 성도'들은 자신이 생각하는 윤리적 지향과 기독교의 윤리적 지향을 일치시키기 위해 고민하였다. 그리고 그 결과 '청년 가나안 성도'들은 기존 개신교 교리 해석을 거부하고 자신의 방식으로 성서나 교리를 전유하였다. 이러한 전유는 개신교 교리 전반에 걸쳐 일어났는데, 그 경향이 가장 뚜렷하게 드러나는 지점은 구원관과 신관, 성서관이었다. 개신교 조직신학의 관점에서 구원관이나 신관, 성서관, 귀신관, 인간관, 기독관, 성령관, 종말관 등은 개신교의 경계를 구획하는 데 중요한 역할을 한다(신태진, 2011, 7, 20). 특히 그중에서도 구원관이나 신관, 성서관은 정통과 이단을 구분할 때 가시적인 기준을 만드는 데 사용된다(cf. 박문수, 2016; 신계훈, 1995; 탁지일, 2020). 그러나 '청년 가나안 성도'들에게 이 기준은 중요하지 않았다. 그들은 기독교의 내부와 외부에 있어서 자신이 어떻게 규정되든지 신경 쓰지 않고 각자의 방식대로 신이나 종말, 구원을 정의했다. 본질적인 종교성을 거부하며 자신의 윤리적 관점을 포기하지 않는 것이다.

하지만 유의할 점은 '청년 가나안 성도'의 개신교 교리 전유가 신학적 자유주의의 경향을 띤다고 일반화해서는 안 된다는 것이다. 이 책에서 전유라는 표현을 사용한 것 역시 같은 맥락인데, '청년 가나안 성도'의 교리적 입장은 자유주의 신학 색채부터 복음주의 색채까지 다양한 결로 분포해 있었다. 그러나 이 연구의 연구 질문이 '청년 가나안 성도'의 정체성이 어떤 식으로 구성되는지에 관한 것이고 이들의 정체성을 구분하는 목적이 아니기에, 신학적 색채로 정체성 유형을 구분하기보다는 개신교 교리를 전유하며 정체성을 구성하는 과정 자체를 보고자 하였다. 이러한 지향은 오늘날 '청년 가나안 성도'들의 종교 정체성이 기존의 개신교 정체성에 수긍하는지, 저항하는지, 아니면 그 사이에서 부유하는지에 대해 구분하는 것을 넘어 그들의 종교 정체성이 어떤 사회적 맥락에서 형성이 되며 사회에 어떤 역할을 하게 만드는지 볼 수 있게 만든다.

1) 구원관

먼저 '청년 가나안 성도'들의 구원관, 즉 내세의 존재 여부와 구원 개념에 대한 관점을 언급하자면, 이들의 구원관에 뚜렷한 공통점을 찾기는 어려웠다. 이들의 구원관을 알아보기 위해서 공통적으로 ① 내세가 있다고 생각하는지, ② 구원의 확신이 있는지, ③ 기독교에만 구원이 있다고 생각하는지라는 세 가지 질문을 던지고 그 답변에 대해서 추가적으로 구체적인 질문을 하였다. 그러나 '청년 가나안 성도'들은 내세의 가능성에 대해서도 각기 온도 차가 있었으며, 내세가 있다고 대답하더라도 그 형태가 다른 내세를 그리고 있었다. A는 사후세계가 있다고 생각했으며, E, L은 없다고 답하였고, H는 있든 없든 상관이 없으며, B, D, G는 있으면 좋겠다는 식으로 답했다. 다만 정통 교리 해석에 근거하여 천국과 지옥이 있고, 천국에 가려면 기독교를 믿어야 한다는 관점에 대해서는 회의적인 사람이 대부분이었다.

E: (사후세계가) 없어요. 없다고 믿어요. (중략) 불가지론이라고 할 수도 있을 것 같은데, 그래도 엄격하게 말하면은 사람은 죽으면 아무것도 없기 때문에 있을 때 잘해야 한다는 생각이 들고, 그렇다고 사후세계가 없다고 해서 죽은 사람을 잊어버려도 되는 게 아니라 오히려 억울하게 죽은 사람을 더 생각해야 하지 않나? 이런 생각을 요즘 가지고 있어요.

G: (사후세계가) 있으면 좋겠다고 생각합니다. 사실 존재하는지는 모르는 일인데, 그런 생각이 있는 것 같아요. 권선징악이 이루어지면 좋겠다는 생각이 있어요. 여기서는 개판으로 살고, 막 남 괴롭히고 이런 사람들이 자기 누릴 것 다 누리고, 죽어서 아무것도 없으면 좀 짜증 날 것 같은 거죠. 그러니까 그런 사람들은 (지옥에) 처박히고 못 살고 힘들게 살고, 인생이 피곤하다거나 내몰려서 죽고 이런 사람들은 죽은 이후라도 편했으면 좋겠어요. 그런 마음에서 있으면 좋겠다지, '있다/없다'라고 사실 믿진 않아요.

이처럼 내세의 존재 가능성을 묻는 질문에 대해 '청년 가나안 성도'들은 확실하게 없다고 이야기하는 사람도 있었고, 있다고 이야기하는 사람도 있는 등 각자 다른 생각을 이야기했다. 그런데 주목할 만한 점은 내세가 있었으면 좋겠다고 이야기하는 사람들의 관점이다. 그들은 내세의 가능성에 대해서 주류 신학의 해석을 거부하지만, 윤리적인 목적으로 내세에 희망을 가지고 있었다. G는 현세의 삶에서 사람들의 행위에 따라 권선징악이 이루어졌으면 좋겠다고 이야기했고, D 역시 선한 행동을 한 사람들에게 보상이 주어지길 희망했다. 사후세계가 분명히 없다고 생각한다는 E의 경우에도 "억울하게 죽은 사람을 기억해야 한다"는 지점에서 그의 내세관에는 윤리적 갈망이 존재한다는 점을 볼 수 있었다. 그리고 이와 같은 지향은 각자의 인생에서 구원의 확신이 있는지에 대한 질문에서 더욱 뚜렷하게 나타났다. 특히 B는 자신이 희망하는 천국을 그리면서 구원의 확신 개념을 비롯한 구원관을 전유한다.

B: 제가 말하면서도 모순적인데, (웃음) 구원의 확신은 있는데, 구원의 확신이 있다고 말하기 위해서 전제를 깔면, 이미 그 전제랑 제가 구원의 확신이 있다는 게 모순이 돼서 한쪽을 멈춰야 하는데, 한쪽을 멈출 마음은 없어요. (웃음) 구원의 확신이 없다고 말하기 싫거든요. 제 구원의 확신이 어떻게 있냐면, 프라하에서 제 터키 친구랑 이야기한 적이 있었거든요. 걔는 뼛속까지 이슬람교도이고, 저는 한국에서 왔지만 뼛속까지 기독교 신자인데, 그 친구도 저랑 비슷하게 자기의 종교에 비판적인 시각을 갖고 있었거든요. (중략) 어떤 것을 하면은 위법한 거냐, 어떤 것은 하면은 구원을 받는 거냐 하는 이야기를 하는데, 종교에서 옳다고 말하는 지향점들이 비슷한 거죠. 그러니까 이방인에 대한 환대, 타인에 대한 적극적인 배려와 사랑, 관용, 포용

이런 가치들? 연대? 이런 것들이 거기(이슬람교)도 있는 거죠. 그런 것들을 걔들도 노력하고, 자기의 생활에서 배태돼서 나한테 보여지고, 저 역시 그것이 중요하다고 성경에서 배워 왔었고. 예수님 맨날 그런 말 하잖아요? 그런 의미에서 다른 종교에도 구원이 있다고 생각하고 그렇게 실천을 하는 사람들한테는 충분히 구원이 있을 수 있겠다.

B의 경우에는 구원의 확신에 대해서 말하면서도 자신의 논리가 일관적이지 않다는 지점에서 대화 중간중간 웃으며 이야기했다. 그러나 일관적이지 않은 그의 구원관은 단순히 자신의 삶을 합리화하기 위해서 말하는 것이 아니었다. '가나안 성도'가 구원의 확신을 가지기 위해서는 두 가지 전제 조건이 있다. 첫째로는 사후세계 중에서도 천국이나 지옥이 존재한다고 생각해야 하며, 둘째로 자신이 그 대상에 부합한다고 생각해야 하는 것이다. 그런데 B는 기본적으로 개신교의 사후세계관을 받아들이지 않는다. 그런데도 자신이 구원의 대상에 부합한다고 생각하는 것은 구원의 확신이 있다거나 없다는 이분법적 사고 그리고 이를 만들어 내는 개신교 신학 교리 해석에 대한 반감이었다. 그는 왜 구원의 확신이 없다고 말하기 싫은지에 대한 대답으로 "형이상학적인 영역에 대해 있다, 없다라고 말하는 것 자체에 동의할 수 없어서 구원의 확신은 있다고 이야기하고 싶다"고 말했다. 그리고 B는 구원의 확신에서의 두 번째 조건, 즉 어떤 대상이 구원을 받는지에 대해서

개신교 신학과 다른 주장을 한다. 초월적 존재에 대한 신앙이 아니라 타인에 대한 적극적인 배려와 사랑, 관용, 포용, 연대 등 개인의 윤리적 실천을 강조하는 것이다. 그의 구원관은 다음의 대화를 통해 더욱 뚜렷하게 드러난다.

연구자: 그럼 구원의 핵심에는 행위가 있다고 생각하시는 건가요?

B: 그렇게 말하면 이단이라고 부르는데, 지금 저한테는 실천적인 맥락이 좀 더 중요하다고 느껴요.

연구자: 그럼 실천으로 구원받는 기준이 있나요? 어떤 사람은 구원을 받는다, 못 받는다. 그런?

B: 그래도 전두환은 힘들지 않을까…. (웃음) 근데 행위도 중요한데, 그 행위를 구성하는 그 사람의 태도도 중요한 것 같아요. 제가 최근에 만난 어떤 사람은 자기가 항상 사회운동으로서 정의당을 찍는다고 하고, 올바른 세상을 위해서 노동, 개혁 이야기를 하면서 뭐 바꾸자, 뭐 이런 것들은 잘못되었다고 말은 하지만, 그 사람이 내뱉는 언어나 태도에서는 선과 악을 너무 이분법적으로 사고한다거나 사람들에게 하대하는 태도라거나 혹은 자기가 갖고 있는 위계나 권력 같은 것들을 전혀 성찰하지 않은 채 거대 이데올로기만 이야기하더라고요. 그런 사람들에게는 '행위가 있지만, 구원의 측면에서는 힘들지 않을까?' 그런 생각을 한 적 있어요. 물론 그렇게 되면 죽는 순간 저는 구원을 받을 수 없겠다는 생각이 들지만. (웃음)

B는 구원이 행위에만 달려 있다고 볼 수 없고 태도도 중요하다고 이야기했는데, 이는 믿음과 행위로 구원받는다는 개신교 신앙의 변용이라고 볼 수 있다. 현세에서의 윤리가 중요하면서도 한편으로는 단순히 사람의 행위로 구원을 결정한다면 여기에서 구원의 확신을 가질 수 있는 사람이 많지 않다는 점에서 현세의 윤리적 지향에 의한 구원관을 개진하는 것이다. 그러나 이러한 태도가 기독교에서 오랜 기간 존재해 왔던 '행위 구원론'의 맥락에 있지는 않다. 이들은 개신교적 구원 개념에 큰 의미를 부여하지 않기 때문이다. F의 구원관도 기존 구원관의 도식과 상당히 달랐는데, 그는 사후세계가 없고 구원이 개념적으로 무의미하지만, 인간의 실제 삶에 어떤 의미를 부여하는지에 있어서 구원의 확신은 유의미하다고 말했다. 그에게 구원은 사후에 이루어지는 개념이 아니라 현세에 영향을 미치는 개념이었다.

F: (사후세계가) 없다고 생각해요. 그래서 구원이나 이런 거도 신학으로서는 무의미해요. 하지만 신앙으로서는, 제 주관적 체험으로서는 사후세계는 없지만 제가 구원받았음에 대한 확신은 있고…. 여기에서 중요한 부분은 구원받았다는 것이 무엇인가 한다면 사후세계를 가냐, 안 가냐의 맥락이 아니고 내가 이 땅에서 소외받고 고통받는 사람들을 도와야 하는 이유로서 작용하는 것 같아요.

물론 구원의 확신에 대해서 모든 연구 참여자가 위와 같이 뚜렷한 관점을 가진 것은 아니었다. 구원에 대해 중요하지 않다고 생각하여 깊이 생각해 본 적이 없거나 개신교 교리를 관성적으로 인정하는 사람도 있었다. 하지만 개신교에서 구원 개념을 교리 해석의 핵심적인 부분으로 생각하고, 이를 다른 종교에는 존재하지 않는 배타적 개념으로 상정한다는 점에서 구원을 중요하지 않게 생각하는 '청년 가나안 성도'들의 관점은 개신교 교리에 대한 전유라고 볼 수 있다. 특히 대다수의 연구 참여자가 타종교에 구원이 없다고 말하지 않았는데, 이는 단순히 개신교 교리에 대한 반감이 아니라 자신이 생각하는 윤리관에 배타적인 구원관이 맞지 않다는 시각에서 기인하였다. 기독교의 핵심은 사랑이고 다른 사람을 위하는 태도인데, 다른 종교를 믿는다고 구원이 없다는 것은 기독교적이지 않다는 것이었다. 그나마 다른 종교에 구원이 있는지에 관한 질문에 대해 적극적으로 부정하지는 않는 A나 J 역시 구원의 여부는 중요하지 않다고 답하였다.

A: (웃음) 이제는 약간 교회나 하나님을 보험 형식으로 생각하는 것 같아요. 옛날에 이렇게 이야기하는 사람들을 보면 엄청 욕을 했거든요. 이런 간사한 인간들. 그런데 이제 제가 그렇게 열심히 할 의지는 없고 그게 정말 진리인지도 모르겠고. (중략) 기독교에만 구원? 사실 잘 모르겠어요. 그런 거에 대해서는 항상 그냥 죽어봐야 알겠구나 하지. 중요한 문제가 아니라고 생각해요.

J: (사후세계는) 상관이 없거든요.

연구자: 구원의 확신은 있으세요?

J: 기독교에서 말하는 구원이 뭔지 잘 모르겠어요. 그런데 그런 게 있다면 제가 그냥 제가 맞다고 생각하는 대로 (남들에게) 피해 끼치지 않고 살면 거기에도(구원에도) 부합되지 않을까? 그런 생각을 해요

2) 신관

'청년 가나안 성도'들은 신이 어떤 존재인지에 대해서도 개신교의 교리 해석과 다른 양상으로 그리고 있었다. 개신교의 신관은 신의 속성 중 절대 선과 전지전능이라는 개념 사이에서 모순이 생긴다(Lewis, 1940/2005).[9] 신이 전지전능하고 절대적으로 선한 존재라면 이 세상에는 고통이 없어야 하는데, 사회적 악과 고통은 여전히 존재하기 때문이다. 이에 신학자들은 신의 선함을 넓히거나 전지전능의 영역을 확장하는 방식으로 이 문제를 대했다(Cf. Guinness, 2005/2008; Grenz, 1992/1997). 그러나 신의 초월성과 내

---

9 이 문제는 신의 초월성과 내재성의 문제라는 신학 용어로도 이야기할 수 있다. 신의 초월성은 신이 이 세상과 분리되어 초월자로 세상과 관계를 맺는다는 의미이고, 신의 내재성은 신이 피조 세계에 존재하면서 내재자로 관계 맺는다는 뜻이다. 성서는 신이 초월자이면서도 내재자로 존재한다는 개념을 제시하고 있기에 각 시대의 신학자들은 두 개념을 양립할 수 있게 만들고자 고민하였다(Grenz, 1992/1997). 그러나 초월성을 강조하면 역사적, 문화적 상황과 유리되고, 내재성을 강조하면 어떤 특정 문화에만 국한될 수 있기에 온전한 균형은 맞추는 것이 어려웠다. 스탠리 그렌츠(Stanley Grenz)는 20세기의 신학이 발전하는 과정에서 한쪽이 강조되면 반대 방향의 목소리가 나오면서 균형을 이룬다고 이야기한다.

재성에 관한 균형이 온전히 이루어지는 해답은 나올 수 없기에 '가나안 성도'들 역시 각자의 방식으로 이 문제를 해결하려 하였다. 특히 신이라는 개념도 사후세계처럼 형이상학적 개념이라는 점은 '가나안 성도'들로 하여금 불확실함 위에서 신 관념을 만들게 하였다. 따라서 그들이 제시하는 신관은 자신이 이야기하는 내용 안에서도 앞뒤로 모순이 있거나 신이란 개념을 정립하지 않고 다른 이야기를 하는 경우도 있었다. 하지만 이러한 점은 오히려 '가나안 성도' 개인이 신 개념을 통해 어떤 사회를 꿈꾸며, 어떤 가치관을 지향하는지 더욱 뚜렷하게 보여주었다.

B: 그것(신)도 있었으면 좋겠다고 생각해요. 크게 인간에게 관여하지는 않지만… (중략) 사회적 약자들이 있는 현장에 신이란 존재가 존재했으면 좋겠다? 하지만 전체 세계를 지배하거나 조율하거나 인간에게 간섭하는 형식의 신을 상정하지는 않는 것 같아요.

G: (신은) 있어요. 근데 이것도 조금…. 초월적이라고 할 때 저는 그런 생각을 했어요. 처음에 부활에 대한 생각이 바뀌었던 게, 진짜로 한 인격이 죽었다가 그대로 살아나서 동일한 인격을 소유하고 계속 어떤 영혼의 형태로 살아간다기보다 그냥 그 사람이 가졌던 신념이나 그 사람의 캐릭터가 잊히지 않고 계속 회자가 되면 그게 구원이 아닐까라는 생각을 한 적이 있거든요. (중략) '그런 맥락일 수 있겠구나' 생각이 들었던 게, 문익환 목사가 어느 장례식에선가 조사를 (할때) 죽은 열사들의 이름만 목 터져라 부르다가 내려오는 그게 있어

요. 영화 〈1987〉에도 말미에 그 장면이 삽입되었던데, 그런 거랑 비슷한 게 아닐까? 생각이 든 거죠. (성공회의) 성인들은 지금이야 우리가 그 사람들이 살았던 문화적인 배경을 모르니까 좀 낯설게 느끼는데, 적어도 장례식 영상을 보면 거기에 모인 사람들이 그 사람의 이름을 들었을 때, 그 사람의 삶과 어떻게 살았고, 뭘 좋아했고, 어떻게 살려고 했고 이런 것들을 아는 상태에서 그 이름을 들으니까 이름만 들어도 눈물이 나고, 그런 공감이 거기에서 형성이 되었을 거잖아요? 그런다고 봤을 때, 저게 죽어도 살아 있는 게 아닐까. 그런 거랑 비슷한 맥락에서 신의 이름을 부르고, 많은 사람이 그걸 믿게 되면 거기에서 오는 어떤 에너지들이 있지 않나. 그러니까 사람들이 신의 이름으로 자기 목숨을 버리기도 하고, 보통의 사람이라면 하지 않을 행동을 하기도 하고, 자기를 희생하면서까지 다른 사람들을 돕기도 하고 그렇게 만드는 어떤 힘(?) 같은 걸 일종의 신이라 본다고 하면 존재한다고 생각하는 거죠. 그러니까 인격적인, 저한테 말을 걸고 다가와서 힘을 주고, 축복을 내리고 이런 신이라기보다는요.

사후세계가 있었으면 좋겠다고 이야기했던 B는 신 역시 있으면 좋겠다고 대답하였다. 다만 신의 형태에 관한 질문에 대해서는 신에 대해서 존재론적으로 규정하는 대신 신의 역할과 기능에 대한 본인의 바람으로 신관을 구성하였다. 신이 있다고 대답한 G는 이보다 더 적극적으로 신의 존재성을 부정하였는데, 그는 사람들의 갈망이나 종교의 기능 자체가 신이라는 생각을 가지고 있었다. F는 신의 존재에 대해서 인간이 알 수 없다고 단언했지만, 그럼에도 불구하고 고통받고 소외된 이웃들을 향한 시각이 신의 특성이라고 못 박았다. D 역시 인간이 알 수 없는 지점들에 대해 확언하는 것을 경계했지만, 예수의 통찰에 가치를 부여했다. 이후 그는 예수의 가르침이 약자를 위한 것이라고 말했는데, 이를 토대로 그의 신관을 해석하면 D가 신 존재에 대해서는 확언할 수 없지만 약자를 위하는 가치관이 신적 가치라고 이야기했음을 알 수 있다. 이처럼 전반적으로 '가나안 성도'의 신관은 자신의 윤리적 지향을 중심으로 초월성과 내재성의 모순 앞에서 신의 내재성을 선택하여 구획되었다.

3) 성서관[10]

---

10 한국 기독교의 역사에서 'Bible'을 성서로 번역할 것인지, 성경으로 번역해야 하는지에 관한 논쟁은 반복되어 왔다(이상윤, 2018, 11, 1.). 특히 근대 이후 개신교계에서는 성경이라는 단어가 적합하다면서 그 근거로 첫째, 표준국어대사전에 의하면 성서는 그저 기독교에서 사용하는 경전인 반면 성경은 '최고의 권위'라는 의미가 포함되었다는 점, 둘째, 역사적으로 서재필이 기독교 의식을 가지고 성경이라고 번역했고 이것이 보편적으로 사용되었다는 점, 셋째, 한국어에서 서(書)와 경(經)의 뉘앙스 차이가 있으며 성경이 더 권위적인 표현이라는 점을 제시한다(고유경·허은철, 2018). 그러나 1970년대까지도 성서와 성경은 혼용되어 표기되었으며(정양모, 1992), 옥성득(2020)에 의하면 일본 신학에 영향을 받은 진보적 개신교계나 가톨릭에서 성서를 사용했고, 보수적 개신교계에서 성경을 고집할 뿐, 성서와 성경은 위계가 있는 관계가 아니다. 이에 이 연구에서는 1968년 가톨릭과 개신교 양측이 합동하여 성서를 번역하였던 '성서 공동번역위원회'의 전통을 따라 성

'가나안 성도'가 신과 구원 개념에 대해서 각자의 방식으로 전유했다면, 성서의 전유 역시 자연스러운 결과일 것이다. 개신교 조직신학의 교리 해석은 성서를 기준으로 제시되기 때문이다. 따라서 구원의 확신만큼 성서에 관한 관점은 본질적 종교 정체성으로의 기독교 정체성을 구획하는 데 큰 역할을 한다. '가나안 성도'들의 성서를 보는 관점 역시 제각기 달랐지만, 공통적으로 이들의 정체성을 기존의 기독교 정체성으로 보기에는 무리가 있었다. 이들은 성서의 절대성, 초월성, 진리성에 대해 의문을 표시하며 오히려 가치 중심으로 성서를 바라보았다. 자신이 생각하는 가치관과 부합하는 맥락들을 수용하지만, 이를 넘어선 종교적 실제로의 권위를 부여하지는 않는 것이다. 다음은 성서는 무엇이라고 생각하는지에 대한 '가나안 성도'들의 대답이다.

G: 성경은 진리를 담은 책이라고 생각해요. 결국에는 사람들이 신을 알게 되고 신이 뭘 좋아하고 그런 걸 통해서 결국 사람들이 '아! 이렇게 살아야겠구나, 이런 삶이 좋은 삶이구나'라고 생각하게 만들고, 실제로 그렇게 사는 사람들이 생기고 그거로 인해서 어떤 식으로든 세상이 변화가 되고? 그런다고 하면 그거를 가능하게 하는 힘으로서의 진리?

서라고 표기하고자 한다. 다만 심층 인터뷰 내용에서는 연구 참여자의 말을 그대로 표현한 바, 개인의 언어에 따라 두 언어가 혼용될 수 있음을 밝힌다.

J: 제대로 읽어본 적은 없는데…. (웃음) 진리일 것 같아요. 근데 그게 진짜로 지금 시대에 맞춰서 그때의 시대 상황과 모든 것을 다 고려해서 제대로 해석한다면 그건 진리가 될 수 있을 것 같아요. 하지만 완전히 제대로 (해석)할 수 없으니까 100%는 아니지 않을까요? 거기에 맞는 것 같은 소리가 있으면 따르면 될 것 같고….

B: 여러 저자의 이야기들이 담긴 '신은 어떤 존재였으면 좋겠다'고 말하고 있는 에세이? (웃음) 그래도 경전이라고 생각해요.

L: 지금까지 많은 사람이 쌓아온 사랑에 대한 생각? 전 오병이어 이런 건 하나도 안 믿고…. 왜냐하면 저는 논리학을 믿기 때문에. (웃음) 대신에 그 많은 사람이 거기서 서로를 위해서 '아, 난 배부르다' 이렇게 했다고 생각하거든요. 그게 또 사랑이라고 생각하고. 그러다 보니까 가치관?

이처럼 '가나안 성도'들은 성서에 대한 개신교의 권위 부여에 반기를 들며 G처럼 진리의 성격을 변조한다거나 J처럼 부분적으로만 인정하는 등 성서를 자신의 종교 관점에 맞춰 인식하였다. 하지만 그렇다고 해서 성서를 절대적으로 거부한다거나 가치 절하를 시키는 사례는 없었는데, 이는 '가나안 성도'들이 성서가 제시하는 가치체계에 주관적으로 의미를 부여하기 때문이다. 특히 성서를 믿거나 따르는지의 질문에 대한 대답에서 이런 성격이 잘 드러난다. D는 성서가 말하고 있는 신과 사후세계의 존재를 부정적으로 생각하고 성서 역시 절대적이라고 생각하지 않지만 성서에 있는 가치를 따라 살고자 한다고 이야기했고, G 역시 사람들의 현세적 변화를 진리로 인식하면서 자신의 삶도 그런 지향을 가지고 있다고 답하였다. 다시 말해 성서를 본질적 종교로서의 경전이라고 생각하고 따르는 것이 아니라 올바른 가치관을 가리키는 역할, 즉 기능적으로 인식하는 것이다.

D: 성경이라는 텍스트 속에 숨어 있는 진리의 편린들을 따르고 싶어요, 믿고. 충분히 진리의 편린들이 그 안에 존재한다고 생각해서. 그리고 한편으로는 성경이라는 텍스트가 탄력적으로 읽힐 수 있고 오류도 존재하고. 그게 주는 유한함이라고 해야 할까? 분명히 부족한 부분들이 있고. 뭐 예를 들면 정경이 무엇일지, 외경이 무엇일지 그것도 물론 사람들이 한 거긴 하지만, 결국 기독교인으로서 정체성을 가진다면 그 모든 과정, 성경이 지금까지 나한테 읽히는 것으로 유의미한 측면이 있다고 믿고. 성경이라는 텍스트가 여기까지 왔다는 점에 경이로움을 살짝은 표하면서 따르는 측면이 있는 것 같아요. 그리고 '따라야 하지 않나?' 하는 생각도 들어요.

물론 '가나안 성도'의 교리 전유가 성서관, 신관, 구원관에 국한된 것은 아니다. 이들이 신학을 전문적으로 공부하지 않았기에 구체적인 교리에 대해서 체계적으로 고민하지 않았을 뿐, 사실상 인간관, 성령관, 자연관, 종말관 등 다양한 방면에 걸쳐 교리에 대한 전유가 일어나고 있었다. 가령 B의 인간관은 개신교의 인간관을 거부하며 인간의 주체성을 강조한다. K도 마찬가지로 인간이 신을 위해서 산다는 명제에 반기를 들었다. 기존 교회의 가르침이 "사람은 하나님을 찬양하고, 하나님과 사랑하기 위해 창조되었다"고 이야기한다는 점에서 '가나안 성도'들의 이러한 생각은 기존 교리에 대한 반박이자 종교 권력에 대한 저항적 사유라고 볼 수 있다.

> B: 확실한 건, 성경에서 말하고 있는 인간상과는 먼 것 같아요. (인간을) 하나님을 영화롭게 하기 위해 태어난 존재라고 보진 않아요. 목적격인 인간이어선 안 되죠. 성경에 쓰여진 대로 사람이 만들어졌다고 하더라도 신이라는 존재가 인간을 목적적으로 만들진 않았을 거라는 기대와… '(목적격인 인간이 되어선) 안되지 않아? 너가 (성경이) 말하는 대로라면'이라는 느낌?
>
> K: (인간은) 어떤 목적 때문에 산다기보다 살다 보니까 자기가 방향을 잡는 게 아닐까요? 그 방향은 각자가 알아서 정해야겠죠. "나는 부자가 될 거야" 하는 사람도 있을 거고, "나는 베풀면서 살 거야" 하는 사람도 있을 거고. 뭘 위해서 산다고 정해져 있지 않아요.

'청년 가나안 성도'의 교리 전유가 종교 권력을 향한 저항적 구축이라는 점은 E의 말에서 잘 드러난다. 그는 과학적으로 신학을 풀려고 하는 게 마음에 안 들었고, 정치에 대해서 목사가 이야기하는 것도 마음에 안 들었고, 죄에 대해서 말하면서 사람들에게 죄책감을 불어넣는 것도 마음에 안 들었고, 순결이나 동성애를 강조하는 것도 마음에 안 들었다고 나열하면서 신학적 고민에 있어서 자신의 생각은 대부분 개신교에 대한 안티테제로 구성되었다고 말한다. 한국교회에서 말하는 메시지에 반감을 가지다 보니 여러 개신교 교리에 대해 전유하게 되었다는 것이다. K 역시 "교회에서 무슨 말을 하면 일단 믿고 거른다"며 전유 과정을 설명했다.

4) D.I.Y. 종교성을 관통하는 축, 윤리

이렇게 '가나안 성도'들이 기독교인의 정체성을 가지면서도 자신의 입맛대로 교리를 전유하는 현상에 대해 종교사회학자 로버트 우스노우(Robert Wuthnow, 1998)는 D.I.Y. 종교성이라는 표현을 사용한다. D.I.Y. 종교성은 D.I.Y. 인테리어처럼 자신의 마음에 드는 개념으로 종교성을 구성한다는 의미인데, 현대 사회가 지식정보화 사회 및 포스트모던 사회로 진행되면서 많은 사람이 제도 종교의 의례를 따르지 않고 개인 중심의 신앙생활을 하는 경향이 있다는 것이다(정재영, 2015). 이런 맥락에서 루프(Wade Clark Roof) 등의 학자들도 우스노우의 표현을 따라 오늘날을 D.I.Y. 종교성의 시대라고 이야기하였다. 비슷한 맥락에서 패치워크 종교성(Patch-work Religiosity)이라는 개념도 나왔는데, 이 역시 색이나 무늬, 모양이 다른 여러 천 조각을 엮어서 하나의 커다란 천을 만들듯 현대인이 다양한 종교적 상징들을 엮어서 자신의 종교를 만든다는 것을 이야기한다. 정재영은 로버트 벨라(Robet Bellah)의 연구를 소개하면서 현대 사회의 이러한 흐름을 강조한다. 벨라는 현대 미국인의 종교 지향을 연구하였는데, 연구 참여자 중 한 명이 자신의 이름인 쉴라를 따서 만든 쉴라교를 믿는다고 하였다. 정재영은 쉴라교와 같은 사례에서 드러나는 종교성처럼 오늘날엔 '포스트모던 종교성'이 일반적이라면서 교회의 쇄신을 요구한다. 탈근대성은 거부한다고 거부할 수 있는 것이 아닌 '사회적 경향'이라는 것이다.

물론 이러한 분석이 잘못된 것은 아니다. 종교와 관련된 거시적인 시대 흐름이 있을 수 있고, 이러한 변화 가운데서 종교성의 형태에 대한 분석도 필요하다. 하지만 '가나안 성도'의 종교성을 이야기할 때 D.I.Y. 종교성이나 패치워크 종교성이라는 개념어를 사용하는 것은 그들의 종교성이 '시대 흐름에 따라 자연스럽게 각자 마음대로 만들어 내는 종교 해석'이라고 생각하게 만든다. 정재영의 연구 등이 이런 종교성을 부정적인 것으로 가치 평가하지는 않았지만, 앞서 언급했던 본질적 종교성과 긍정적 종교성의 등치 도식을 끊어내지 못하고 강화시키는 결과를 가져온다. 게다가 과학과 종교의 양립 가능성을 이야기한다면 이런 효과는 더욱 가속된다. 현대 사회에서 과학적 지식을 중요하게 생각하는 것은 당연한 것이니 '가나안 성도'들이 종교에 대해 과학적 의문을 표할 수 있어야 하고, 교회는 이를 함께 고민해야 한다는 주장은 '가나안 성도'들을 과학적 사고를 중시하는 존재로 규정한다. 그들이 교회를 떠난 이유에 대해 '교회는 과학적으로 말이 안 되는 것을 믿는데, 이에 대해 의문을 표하지 못하는 분위기' 때문으로 확정하는 것이다.

그러나 이 연구에 참여한 '가나안 성도'들은 자신만의 윤리적 지향을 축으로 삼고 종교성을 구축하고 있었다. 즉, D.I.Y. 종교성이라고 부를 수는 있지만, 그 중심축에 윤리적 지향이 존재했던 것이다. 이는 테일러가 주장하고 지적했던 자기 진정성(Authenticity) 개념과 닿아 있다(Taylor, 2007). 테일러는 현대 사회의 인간이 내적 고유함을 훼손시키지 않는 차원의 자기실현을 추구한다면서 자기 진정성의 윤리가 정체성 형성에 관여한다고 이야기했다. 쉽게 말해 근대 이후에는 사회적, 종교적으로 주어지는 객관적 의미체계가 없어졌기에 개인은 일상적인 삶에서 스스로 의미를 부여함으로써 자아의 일관성을 지키고 또 한편으로는 사회 전체와의 화합을 추구하면서 존재한다는 것이다. 따라서 기존 개신교 교리에서 오는 전통적 규범이 아닌 자신의 윤리적 기준을 중시하는 '청년 가나안 성도'의 정체성은 테일러의 분석과 궤를 같이한다.

그러나 자기 진정성에서 오는 자기 윤리라는 개념만으로 정체성을 읽기에는 자기 윤리라는 개념의 의미가 불분명하다. 개인의 정체성을 구성하는 윤리적 축이 어떻게 만들어지는지 설명하지 못하기 때문이다. 테일러는 인간이 자기 진정성을 정련하는 과정에서 정체성을 형성하며, 그것은 필연적으로 두 요소 간의 상호작용이 필요하다고 이야기하였다. 그러나 이러한 테일러의 주장은 존재론적 해명과 당위적 주장 사이에서 표류하고 있다(이병태·우대식, 2010). 자기 진정성이 타자와의 상호작용 안에서 형성된다고 하더라도 이것이 타자와 상호작용을 해야 한다는 당위로 귀결되지는 않는다. 따라서 자기 진정성 안에서 인간의 윤리성이 어떻게 구축되는지는 정작 설명하지 못한다. 이에 이 글은 홀의 문화 정체성 개념으로 돌아가고자 한다. 홀은 정체성을 논의할 때, 이처럼 개인의 내면에 진정성이 존재한다는 본질주의적 관점으로는 탈중심화의 비판을 받을 수밖에 없기에 무수한 의미작용 속에 권력이 어떻게 개입하는지를 살펴야 한다고 이야기한다. 정체성을 동질적이고 연속적인 개념으로 보는 것이 아니라 의미작용이 일어나는 변증법적 과정을 보아야 한다는 것이다.

이와 같은 맥락에서 이 절에서는 '가나안 성도'의 교리 전유가 가지는 윤리적 축을 확인하고, 다음 절에서 그 축이 어떠한 권력작용에 의해 구성되고 있는지를 보고자 한다. 먼저 '가나안 성도'의 교리 전유는 단순히 자신이 받아들일 수 있는 과학적 사실이나 자신의 마음에 드는 종교 상징을 고르는 것이 아니라 자신이 생각하는 바람직한 윤리적 지향을 담아내기 위해 일어났다는 점을 확인할 수 있었다. 전지전능하면서 선한 신 개념에서 전지전능을 제하거나 성서의 문자적 해석을 지양하거나 구원이라는 개념을 확장하는 시도도 자신이 생각하는 윤리를 바로 잡기 위함이었다. B는 인터뷰 중에 이러한 자신의 생각을 깨닫고 다음과 같이 표현하였다.

B: 오늘 인터뷰를 하면서 좀 정리가 된 부분들이 있는데⋯ 그러니까

제 윤리관이 바뀐 것은 윤리관이 바뀐 것이 아니라… 아, 물론 윤리관이 바뀐 것도 있지만, 기본적으로 기존 교회의 윤리관이 제가 생각하는 윤리와 다르다는 생각이 들어서 '가나안 성도'가 된 거라고 볼 수 있는 것 같아요. 그러니까 저런 것(기존 교회)들을 어떻게 신을 따른다고 할 수 있냐는… 그런 거죠.

연구자: 그러면 기존 교회의 윤리관이랑 선생님의 윤리관이 어떻게 다른가요?

B: 기존 교회의 윤리관이 신의 이름을 자기 마음대로 해석하면서 뭔가 다른 걸 받아들이지 않고 배척하고 정죄하고 있으니까…. 뭔가 신 중심이라고 쓰고 권력자의 윤리라면, 제가 생각하는 건 보통 사람들의 윤리? 사회적인 윤리? 그냥 간단해요. 입장 바꿔서 생각했을 때 이해가 되는 거요. 종교라면 이거를 더욱 지향하면 지향했지, 무시하면 안 되지 않나….

또한 교리를 전유하는 행위 자체가 자신의 윤리적 실천이라고 생각하는 연구 참여자도 있었다. 개신교의 역사 속에서 서로 반목하던 교파들이 결국에는 다름을 인정하였던 것처럼 자신의 교리 해석이 절대적이지 않다는 것은 관용의 출발점이지 않겠냐는 이야기였다. 물론 그가 자신의 생각을 윤리적 지향이라고 명확하게 언어화하지는 않았지만, 관용을 왜 중요하게 생각하는지에 관한 질문에서 그의 대답이 윤리성에 관한 내용임을 유추할 수 있다.

D: 지금 한국교회가 가지고 있는 생각을 가지고 100년 전 어느 때로

돌아가도 사실 다 이단이라고 불릴 거잖아요? 지금이야 동네마다 침례교랑 장로교가 같이 있지만 100년 전쟁인가? 그때만 해도 서로 대를 이어서 죽이고 이단이라고 죽이고 그랬는데, 결국 '내가 생각하는 거가 진리의 전부가 아니다.' 뭐 그런 자세가 필요하지 않나? 결국 그런 게 관용이고, 내가 할 수 있는 건 불관용에 불관용 할 뿐이고.

연구자: 그런 관용이 오늘날의 사회에서 어떤 의미를 가진다고 볼 수 있을까요?

D: 공존하기 위해서? 더불어 사는 세상인데, 최소한 다른 사람이랑 같이 살려면 그 정도의 자세는 있어야죠. 아니, 자기들만 맞다고 생각할 거고 자기만 하나님의 자녀일 거면 자기 혼자 살아야지.

D의 말처럼 관용은 기독교의 역사 속에서 발전해 온 개념이다. 프랑스사 연구자 김응종(2014)은 관용의 역사를 이야기하면서 르네상스 시대가 되어서야 중세 기독교의 불관용이 없어지고 관용적 태도가 탄생했다고 언급한다. 이때 김응종은 권리를 중요한 개념으로 이야기하는데, 관용은 나와 다른 생각을 가진 사람을 너그럽게 인정해 주는 시혜적 개념이 아니라 나와 다른 타자의 신념이 그들의 권리라는 것을 인정하는 개념이다. D의 문제의식도 이와 같다. D는 기독교의 교리 자체가 불관용적이라는 점을 지적하면서 협소한 교리 해석 위에서는 기독교의 사랑이나 은혜 등의 개념이 시혜적일 수밖에 없다고 이야기한다.

그리고 이러한 절대적 위치에서 내려와 다른 사람과 더불어 사는 것이 기독교의 의미라고 주장한다.

5) '가나안 성도'의 기독교 개념 전유

개신교 교리를 전유한 '가나안 성도'들은 자신의 윤리적 지향을 중심으로 기독교 개념까지 전유했다. 기독교라는 단어를 각자의 개념으로 정의하면서 자신의 기독교인 정체성을 굳힌 것이다. 이 지점에서 짚고 넘어갈 부분은 연구 참여자들이 자신의 기독교인 정체성을 확고하게 표현한 것은 아니라는 점이다. 연구자가 연구 참여자를 구할 때, "그리스도인으로 정체성이 있지만, 현재 개신교 교회를 출석하지 않으면서 개인적으로 신앙생활을 하는 사람"을 구한다고 공지하였고, 사전 설문에서 종교 기입란에 모든 연구 참여자가 기독교라고 기술하였지만, 인터뷰 과정에서 스스로가 기독교인이라고 생각하는지의 질문에 대해서 시간 차이 없이 '그렇다'고 대답한 연구 참여자는 극소수였다. 이는 '가나안 성도'로의 정체성이 기존의 정체성 개념과 같은 방식으로 구성된 점이 아니라는 것을 방증한다. 연구 참여자들은 기독교인이냐는 질문에 있어 연구자의 기독교인 개념이 자신의 개념을 묻는 것인지, 기존의 기독교인 개념으로 물은 것인지 고민했던 것이다. 그래서 연구자는 동질적인 기독교인 정체성과 거리를 두고자 연구 참여자에게 질문할 때 정체성이라는 단어를 사용하지 않고 기독교인의 정의와 스스로가 기독교인이라고 생각하는지를 질문하였다. '가나안 성도'들은 자신이 정의하는 기독교인 개념을 통해 자신의 정체성을 이야기하였다.

그렇게 전유된 기독교는 당연히 기존 개신교의 본질적 종교성과 거리를 두었다. 이는 어떤 사람을 기독교인이라고 볼 수 있는지에 관한 질문에서 잘 드러났다. 물론 신이나 성서에 대한 전유 양상과 가치 부여가 각자 달랐기에 기독교 개념의 정의 역시 달랐고, 그중에는 기존 개신교의 기독교 정의와 크게 다르지 않은 '가나안 성도'도 있었다. A의 경우에는 "크라이스트 믿으면 기독교인이지. 예수를 믿고 가르침을 실천하고자 하는 사람들"을 기독교인이라고 정의했다. 그러나 이후 인터뷰에서 사회활동을 강조했던 점을 비추어 볼 때, A의 표현 역시 예수의 가르침을 실천한다는 맥락에 방점이 찍혀 있었기에 본질적 정체성보다 기능적 종교 정의로의 종교 정체성에 가깝다고 할 수 있다. 다른 '가나안 성도'들의 대답에서는 더 적극적으로 초월적 존재로의 신 관념과 거리를 두며 현세적, 윤리적, 기능적 종교로서의 기독교 정체성을 구성하는 것을 볼 수 있었다.

D: 예수의 삶을 따르는 사람을 기독교인이라고 생각하는데, 그 예수의 삶 중에서…. 누가복음 말씀에 가난한 자들을 자유케 하고 포로 된 자들을 풀어주고 눈먼 자들을 보게 하고 모두를 자유롭게 하는 그 예수님의 비전 선언문이 저는 핵심적이라고 생각해요. 그걸 따르

는 사람들을 기독교인이라고 할 수 있어요.

K: 한국교회에서 커와서 그런지 몰라도, 저는 '한국교회교'가 따로 있고 기독교가 따로 있다고 생각하거든요. (웃음) '한국교회교'는 그냥 교회를 신봉하는 사람들, 교회라는 집단적인 패거리 문화라고 보고 있고, 기독교는 그거와 다르게 종교의 한 형태? 종교 생활을 하는데, 이 사람이 일반 사회가 중요시하는 가치들 있잖아요, 남에게 온정을 베풀 줄 아는. 그런 행실이 자연스럽거나 의식적으로 지키려고 하는 모습을 가진 사람이 기독교인인 것 같아요. (중략) 결국 사회 기준인 것 같아요. 사람들이 모여 사는 기준에서의 덕목들. 그게 성경에 묶여져 있는 거고. 그런 덕목을 알라가 이야기했든 석가가 이야기했든, 결국 기독교인이지 않나?

B: 기독교에서 말하는 가치를 긍정하는 거죠. 기독교에서 말하는 가치가 뭐냐에 대해서는 답변이 되게 편향적일 수 있다고 생각하는데, 저는 성경을 제대로 읽는 게 있다고 생각해요. 성경에 있어서 맥락과 역사적 배경과 혹은 저자가 어떤 의도로 했는지 이런 것들을 파악하고, 그 안에서 원문을 찾아본다거나… 혹은 그게 번역되는 과정에서 탈각되거나 아니면 당시에… 배경이나 맥락 같은 것들을 맞추는 게 되게 중요한 것 같아요. 그냥 지금 사회로 뚝 갖고 와서 맥락을 제거한 다음 이야길 해버리면 거기에 있는 말들도 되게 폭력적인 말들 되게 많잖아요. 그런 것들을 그냥 떼어다 쓰는 것이 아니라 어떻게든 지금 사회에서 녹여내려고 하는 것들, 그런 것들이 대부분 저한테는 사회적 소수자와 연결이 되어 있는 것 같고, 사회 소수자를

어떻게 기독교가 바라보고 있는가, 그러면은 거기서 소수자에 대한 시각이 어떻게 드러나냐에 대해서 기독교가 정의되는 것 같아요.

이처럼 '가나안 성도'들은 윤리적 지향을 중심으로 기독교 개념을 전유한다. 그들의 기독교 개념에서 기준으로 작동하는 윤리성은 기존 개신교와의 비교에서 더욱 뚜렷하게 드러난다. '가나안 성도'들은 "기존 개신교가 지금 사회에 어떤 영향을 주고 있는지?"라는 질문에 대해 각기 다른 대답을 하였지만, 방점은 윤리적 실천에 찍혀 있었다. 또한 '가나안 성도'들은 기존 기독교에도 자신이 정의하는 기독교인이 존재한다고 답변하였다. 이는 이들의 기독교 정의에서 초월적 신에 대한 믿음 여부가 중요한 기준이 아니기 때문이다. '청년 가나안 성도'들은 오직 현세적 윤리성을 기준으로 바람직한 종교의 기능을 규정하고자 하였다. 다음은 기존 개신교가 사회에 어떤 영향을 끼치고 있는지, 기존 개신교 교회를 본인이 생각하는 기독교라고 볼 수 있는지에 대한 대답이다. 이러한 질문은 이들의 종교관을 잘 보여준다.

D: 악영향. (웃음) 한국 사회에서 너무 기득권화되었다? 오히려 예수의 삶은 기득권과 맞서고, 사회의 부조리함이라든지 사회의 악과 대면해서 오히려 악을 무너트리고 사회를 조금 더 나은 방향, 이 땅 가운데 임한 하나님의 나라를 위해 애써야 하는데, 그거에 반하는 행동들을 너무 많이 보이는 것 같아요. 긍정적인 영향을 끼치는 좋은 교회들도

많지만, 일반적인 교회라 했을 때는 대형교회 위주고, 대형교회 힘이 너무 세다 보니까 돈도 그렇고 자본주의에, 정치적으로도 결탁되어 있는 부분들이 많고. 사회 안에서 함께 바꿔가야 하는데, 오히려 기독교인이라는 배타적인 집단으로 구성되어서 오히려 사회를 배척하는 느낌?

G: 악한 영향을 미친다고 생각해요. 사회의 보편적인 규범이나 가치들을 따르려고 하지 않고 자신들만 따르지 않는 것을 넘어서서 사회의 해가 될 수 있는 행위들을 정당화하는? 그런 행동들로 인해서 악한 결과가 빚어지는?

I: 일반적인 교회는 전형적으로 편 가르기를 많이 한다고 생각하고요. 편 가르기에서 자신이 우월한 위치에 있다고 생각하고⋯ 그러니까 말씀 같은 걸 전하는 데 있어서 상당히 폭력적이고. 그러다 보니까 (사회적으로) 반감을 사고⋯.

'가나안 성도'를 하나의 동질적인 전체 집단으로 묶을 수 없듯이 기존의 개신교 교회를 일반화할 수 없기에 인터뷰 내용에서도 개신교 교회의 어떤 모습에 초점을 두는지에 따라 판단이 달라졌다. A나 J는 개신교 교회의 봉사와 사회적 활동을 이야기하면서 긍정적인 부분이 있다고 말하였다. 그러나 그 외에는 딱히 긍정적인 영향은 못 미치고 대부분 부정적인 영향을 미친다고 첨언하였다. 다른 연구 참여자들 역시 공통적으로 폭력과 배제, 권위적인 지점에 대해서 문제를 표했다. 이러한 지점은 '청년 가나안 성도'

들의 기독교를 이해하고 기독교의 종교적 가치를 부여하는 지점이 윤리성이라는 것을 재확인시킨다.

3. '가나안 성도'의 시민 윤리적 정체성과 지배 이데올로기 간파

지금까지 '가나안 성도'의 종교성이 단순히 탈근대적인 시대의 영향으로 구축된 D.I.Y. 종교성이 아니라 윤리를 중심축으로 세워진 종교성임을 확인하였다. 기존 연구에서는 '가나안 성도'를 일탈자로 보거나 목회자의 삶과 신앙이 일치하지 않는 윤리적 문제 혹은 과학적 사고를 하지 않고 믿음을 강요하는 교회에 불만이 있는 사람으로 그려냈다면, 심층 인터뷰를 통해 드러난 '가나안 성도'는 단순히 특정 개인의 윤리성에 불만을 가지거나 과학적 사고를 지향하는 것이 아니라 자신의 윤리적 관점과 신앙의 일치를 위해 기독교 교리를 전유하고 더 나아가 기독교 개념까지 전유하고 있던 것이다. 이와 같은 분석은 기존의 본질적인 종교 정체성에서 한 걸음 떨어져 그들의 기능적 종교성을 밝히고, 이를 통해 긍정적 종교성이 본질적 종교성에만 상응하는 것이 아님을 드러냈다.

그렇다면 그들의 윤리적 축으로 구성된 종교 정체성은 어떤 의미를 가지는가? 이들의 윤리성을 구성하는 사회문화적 맥락은 무엇인가? 이 지점에서 다시 홀의 정체성 개념을 돌아볼 필요가 있다. 앞서 이론적 논의에서 언급했듯이 홀은 정체성의 형성 과정에서 스스로에게 의미를 부여할 때, 필연적으로 문화가 매개된다고 보았다. 따라서 이러한 누군가의 정체성이 가지는 의미를 보기 위해서는 주체의 위치성과 양가성 그리고 이들이 만들어 내는 변증법적 운동을 통해 주체와 다른 이데올로기적 요소들, 사회적 세력, 사회적 운동과의 관계를 보아야 한다. 이러한 맥락에서 '가나안 성도'들의 정체성이 가지는 의미 역시 다른 이데올로기적 요소들과의 경합을 통해 더욱 분명히 드러낼 수 있는데, 그들의 윤리적 지향에서 드러나는 윤리적 가치가 절대적 진리에 입각한 윤리가 아니기 때문이다. 이들이 지향하는 윤리적 가치 역시 여러 이데올로기와의 경합 가운데서 다른 가치들에 비해 우위에 서게 되었다. 따라서 '가나안 성도'들의 종교 정체성을 분석하는 작업은 그들을 둘러싼 이데올로기적 요소들을 분석하는 작업이다.

'가나안 성도'들은 왜 기존 개신교의 윤리와 자신이 생각하는 윤리가 다르다고 생각했으며 자신의 윤리적 지향을 개신교의 윤리보다 중시했는가? 이는 그저 '가나안 성도'가 반항적인 내지는 저항적인 기질을 가지고 태어났다거나 근대적 주체로서 종교의 시각으로부터 벗어났기 때문이 아니다. 윌리스의 방식으로 표현하자면 '가나안 성도'들은 개인적인 삶을 둘러싼 문화 속에서 제도 이데올로기를 간파하였다. 특히 '가나안 성도'들은 기존 개신교 교회의 설교를 통해 제도 종교의 지배적 이데올로기가 여타의 지배적 이데올로기와 접합하고 있음을 간파하였는데, 이에 지배적 이데올로기에 반대되는 맥락에서 자신의 윤리관을 구축하고 기독교 교리를 전유한 것이다. 이 연구의 인터뷰에서는 '가나안 성도'들이 간파한 지배적 이데올로기가 크게 세 가지 양상으로 분류된다. 이는 첫째, 신자유주의적 자본주의 이데올로기, 둘째, 남성 중심 이데올로기, 셋째, 정치적 보수주의이다.

물론 세 가지 이데올로기와 제도 종교, 특히 그런 개신교의 접합은 오늘날 한국 사회에서 새로운 이야기가 아니다. 그러나 특징적인 것은 연구자가 인터뷰 질문을 배타적으로 구성하지 않았다는 점이다. 대다수의 인터뷰에서 교회를 떠난 배경을 설명할 때부터 이러한 이데올로기적 요소에 대한 간파가 드러나고 있었으며, 많은 연구 참여자가 세 영역 모두에서 제도화된 종교로서의 개신교에 대한 반발을 드러냈다. 이는 '가나안 성도'의 윤리가 추상화된 자기 윤리가 아니라 특정한 방식으로 구현되고 있음을 의미한다. 특히 현대 한국 사회에서 남성 중심 이데올로기, 정치적 보수주의에 반대하는 맥락은 자유주의적 윤리의 특징이라고 볼 수 있는데, 이는 공동체주의 윤리와 대비되는 것으로 다원주의적 개인주의의 전제 위에서 형성된다(윤평중, 2003). 따라서 자유주의 윤리는 분별력 있고 책임감 있는 인간으로서 다름을 관용하며 '정치적인 올바름'[11]을 추구하는 것이다. 그러나 자유주의 윤리라는 단어

---

11 오늘날의 사회에서 '정치적 올바름'은 일상에서도 많이 볼 수 있지만, 이 단어는 복잡한 사회 맥락 속에서 형성된 개념이기에 발화 주체에 따라 다른 의미로 사용된

는 공동체주의 윤리와의 오랜 대결 속에서 대립적 개념을 통해 그 의미가 더욱 강화되었기에 오히려 의미를 명료하게 전달할 수 없고, 무엇보다 '가나안 성도'가 신자유주의적 자본주의 이데올로기를 간파한다는 지점에서 그들의 윤리를 자유주의 윤리라고 명명하기엔 오해의 소지가 있다.

이에 이 연구에서는 '가나안 성도'의 윤리성을 시민 윤리(civil ethic)라고 부르려 한다. 여기서 시민이라는 단어를 사용함에는 두 가지 이유가 있는데, 첫 번째는 '청년 가나안 성도'들의 공공성(publicness) 지향이 기독교 내부를 향하는 것이 아니라 시민사회 전반을 목표로 하기 때문이고, 두 번째는 그들의 정체성 형성 과정이 능동적으로 형성되기 때문이다. 먼저 전자부터 논하자면 최종원(2020)은 시민종교와 정치종교를 구분하며 특정한 이념으로 모인 집단이 배타적인 성격을 가질 때 정치종교가 된다고 이야기한다. 공동체의 정체성을 중시하며 공동체의 신성화가 이루어지는 것이다. 반면 시민종교는 상호의 존재 인정을 전제로 시민사회의 형성과 발

다(이종일, 2016). '정치적 올바름'은 68혁명 이후 마오주의자나 레닌주의자, 페미니스트들이 결집하면서 다문화주의와 다양성의 흐름을 강조하는 표현으로 사용되었다. 그러나 80년대 초반부터 보수주의자들은 진보주의자들의 주장이 이데올로기적 '정치적 올바름'에 지나지 않는다며 비판의 의미로 사용하였다. 오늘날에는 이러한 논쟁이 커지면서 서구 사회에서도 다양한 전유가 일어나며 PC(political correctness) 지지자들과 안티 PC 지지자들 간의 논쟁이 이어지고 있다. 이에 그 의미를 명확하게 정의하는 것은 어려운 일이다. 다만 본문에서는 일반적으로 한국 사회에서 사용되는 것처럼 다양성과 다문화주의를 옹호하는 맥락에서 이 언어를 사용하였다.

전을 목표로 한다. 이러한 개념에 따르면 기존 개신교 교회는 정치종교의 모습을 보여 왔다. 개신교인의 정체성을 중시하면서 구원받은 사람이라는 선민의식(選民思想)을 강조한 것이다. 반면 '청년 가나안 성도'들은 자신의 정체성을 시민종교로의 기독교에 두고 있다고 볼 수 있다. 실제로 '청년 가나안 성도'들은 지금까지 형성되어 온 기독교 윤리가 "진리 앞에서 교만하다"라는 표현을 사용하면서 기독교 외부와 내부를 경계 짓고 시혜적으로 외부를 대하는 윤리적 지향에 머물렀다고 이야기한다. 이에 자신의 윤리는 "이웃을 사랑하라"는 예수의 말처럼 모든 사람을 목표로 한다고 차별화한다. 이처럼 시민이라는 단어는 기독교 내부와 외부의 경계를 상정하지 않는 개념으로 '가나안 성도'의 윤리적 지향을 뚜렷하게 드러낸다.

그러나 이보다 더 중요한 이유는 두 번째인데, 시민은 국민과 대비되는 개념으로 국민이라는 단어가 권력에 의해 정치적으로 제약을 받고 수동적인 특성이 강한 표현인 반면 시민은 보다 능동적이고 자율적인 존재로 의미화된다. 김진호(2012) 역시 국민을 국가의 성공과 자신의 성공을 등치시키는 존재로 보면서 시민은 국가와 자신의 이해관계를 계산하는 주체로 '시민 K'라는 용어를 사용하였다. 그리고 한국 사회가 소비사회로 전환되면서 개신교계에서도 시민으로서의 신자, 즉 '주권 신자'가 등장하며 후발 대형교회가 등장했다고 분석했다. 기존 교회는 교회의 정체성과 자신의 정체성을 등치시키는 신도들이 많았지만, 지금은 그렇지 않다는 것이다. 이처럼 시민은 국가나 종교 권력에 의해 좌지우지되는 존재가 아니라 선택하고 결정하는 주체이다. 따라서 '가나안 성도'의 시민 윤리적 종교 정체성은 자신의 윤리관을 선택하고 책임지려는 그들의 정체성을 잘 보여준다.

그리고 김진호는 일반적인 종교사회학에서 사용하는 시민종교 개념과 달리 종교 제도 밖인 시민사회의 영역에서 행동하는 종교를 시민종교라고 이야기한다. 이러한 시민 개념은 앞서 말한 두 가지 이유를 모두 내포하는데, 자신의 가치관에 따라 이해관계를 계산하고 종교 밖의 구체적 삶의 현장에 적극적으로 개입하는 존재로 의미화되는 것이다. 따라서 시민 윤리는 주어진 윤리관에 안주하지 않고 적극적으로 정치적, 사회적, 문화적 현실에 개입하여 자신의 삶을 의미화하려는 형태로 발현된다. '가나안 성도'들의 이데올로기 간파 역시 같은 맥락이라고 볼 수 있다. '제도교회' 권력과 접합되어 있는 이데올로기적 요소가 사회의 정치적, 문화적 맥락에서 공공성을 해친다고 판단되었을 때, 윤리적으로 온당하지 못하다고 생각하는 것이다.

이러한 지점은 공공신학의 주장과 궤를 같이한다. 공공신학은 사회학과 정치신학[12]의 계보를 이은 학문으로, 기독교 윤리가 사회의 공공(public)을 고려하여 공동의 선을 지향하고 이를 실천해

---

12 성석환(2019)은 이에 대해 해방 신학과 민중신학 등 제3세계 신학들이라고 설명한다.

야 한다고 주장한다(성석환, 2019). 이 개념을 처음 제시한 학자는 루터교 신학자 마틴 마티(Martin Marty)인데, 그는 다원화 사회가 이루어지고 있는 현대에 종교의 역할은 정의로운 세상을 만드는 것이라고 이야기하였다. 이후 공공신학은 '공공'을 신학의 대상이나 목표로 보는 것이 아니라 신학의 장으로 설정하며 발전해 왔다. 한국에서도 개신교 교회의 폐쇄적 성격을 자성하며 공공신학에 대한 관심이 높아지고 있다. 그러나 '청년 가나안 성도'들의 정체성이 공공성을 목표로 만들어진다고 하더라도 이를 공공신학에 기반을 두고 있다고 이야기하기는 어렵다. '청년 가나안 성도'들이 신학적 관심에서 정체성을 만들어 온 것이 아니라 이데올로기 간파에 의해 이러한 방향성을 가지기 때문이다. 따라서 '청년 가나안 성도' 현상은 공공신학과 궤를 같이하지만, 공공신학에서 파생되었다기보다는 공공신학의 필요성을 강조할 수 있는 사례가 된다.

1) 신자유주의적 자본주의 이데올로기

오늘날 신자유주의[13]와 기독교가 서로 영향을 주고받는다는

---

13 신자유주의는 국가 권력이 시장에 개입하는 것을 최소화하고 시장의 자율성과 개인의 자유로운 활동을 중시하는 이론이다. 1970년대 후반 케인즈 학파의 이론을 도입한 수정자본주의의 실패가 자본의 세계화, 현실사회주의의 붕괴와 맞물렸고 이에 대한 비판이자 대안책으로 제기되었다(허철행, 2001). 데이비드 하비(David Harvey, 2005/2007)는 이러한 신자유주의 이념을 세 가지 특성으로 정

관점은 학계에서 새로운 이야기가 아니다. 물론 신자유주의라는 단어는 그 범위가 넓고 포괄적이어서 명확하게 규정하기 어려운 단어이다. 시카고학파의 경제 용어로 시작하였지만, 오늘날에는 정치, 문화, 사회 등 많은 영역에서 폭넓게 사용된다.[14] 하지만 자기관리나 자기 계발을 핵심 수사로 삼아 신자유주의가 어떻게 개인의 정체성을 구성하는지 초점을 맞추면, 신자유주의적 이데올로기와 개신교가 뚜렷한 관계를 맺고 있음을 볼 수 있다. 이에 이진구(2020)는 한국 개신교가 자기 계발 담론을 들여와서 번영 복음을 구성하고 있다고 비판하였고, 박상언(2008)은 한국 개신교가 신자유주의의 영향 안에서 자신에게 유리한 지점만 받아들이는

리하였는데, 첫 번째는 시장의 효율성에 대한 절대적인 믿음이다. 온전한 시장 자유주의에 의해 만들어지는 수요와 공급의 관계는 경제적, 사회적 문제를 해결할 수 있기에 국가는 공정한 경쟁이 만들어지는지 심판하는 역할만 해야 한다. 두 번째는 모든 경제 관계에서 시장원리를 확대해야 한다는 것이다. 신자유주의는 초국가적인 차원에서 자본의 세계화를 통해 경제 위기를 돌파하려는 목적을 가지고 있었기 때문에 국내 경제뿐 아니라 국제간의 관계에서도 무역 장벽을 제거하여 자유로운 자본 이동이 가능하게 해야 한다고 주장하면서 모든 경제 관계에서 대외 개방과 자유화, 탈규제를 지향해야 한다는 생각을 심어주었다. 세 번째는 수요를 중심으로 구상되었던 케인즈 학파의 경제 이론을 거부하고 공급 위주의 경제 관념을 지향한다는 점이다. 이러한 관념에서 소득의 재분배는 중요하지 않은 안건이 되고, 자본의 축적은 은연중에 지향할 목표로 설정된다.

14 물론 신자유주의를 좁은 의미에서의 이데올로기로 다루거나 거부할 수 없는 구조적 실재로 다루는 것은 경계해야 한다(서동진, 2009). 이에 서동진은 푸코의 통치성 개념을 중심으로 신자유주의의 정치학을 분석하길 권유한다. 이 글은 이러한 관점을 따라 주체화의 과정을 통해 신자유주의적 이데올로기를 분석하고자 한다.

선택적 자유주의의 형태를 띠고 있다고 주장하였다. 실제로 기독교 자기 계발서로 분류되었던『야베스의 기도』(2001)나『긍정의 힘』(2005),『왕의 재정』(2014) 등의 책은 한국에서 초대형 베스트셀러가 되면서 이진구의 주장에 대한 근거가 되었다. 또한 이봉석(2019)은 신자유주의적 정치경제학에서 오는 이데올로기가 한국 개신교의 혐오를 부추긴다고 비판하였고, 이은영(2007)은 한국의 대형교회가 신자유주의 이데올로기를 받아들여서 기업의 경영 원리나 마케팅 전략을 도입하고 신자들을 사회화시키고 있다고 비판하였다. 신자유주의가 비단 한국 개신교의 특정 영역이 아니라 개신교 전반에 영향을 주었다고 분석한 연구는 김승수(2010)의 석사학위 논문인데, 여기서 김승수는 개신교 청년들의 정체성이 신자유주의 담론과의 접합이나 탈접합을 통해 구성된다고 이야기하였다.

이와 같은 맥락에서 '청년 가나안 성도'들의 정체성은 한국 개신교와 신자유주의적 이데올로기가 접합하고 있음을 간파하면서 형성되었다. 모태신앙인 '청년 가나안 성도'들은 어릴 적부터 "신앙이 좋으면 실력도 좋아야 한다"는 메시지를 듣고 자라 왔다. 청소년기에 올바른 신앙인이 되려면 공부도 잘하고 모든 면에서 뛰어나야 한다는 것이다. B는 이에 대해 "영적인 지점에서 하나님과 가까운 사람은 인격적으로 되게 올바르고, 교육 관계도 원만하고, 비전을 갖고 있고, 리더의 상(image)이란 게 있고, 그런 사람들은 공부를 못 할 수가 없고. 이런 식의 연속 작용으로 초인상이 만들어진다"고 이야기한다. 물론 '청년 가나안 성도'들이 이러한 메시지에 대해 어릴 적부터 불편함을 느낀 것은 아니었다. 자신도 모르게 이를 내재화하다가 어느 순간부터 불편함을 느끼는 것이다. 몇몇 '가나안 성도'들은 이 문제에 대해 교회의 목사를 찾아가도 납득이 되지 않는 답을 들으면서 교회와 멀어지게 되었다고 말하였다.

또한 '청년 가나안 성도'들은 사회적 소수자나 약자에게도 자기 계발 담론이 적용되는 것은 아닐 것인데, 이를 일반화하고 있다는 점에 대해서도 불만을 표했다. 개신교 교회의 메시지가 누군가에게는 불편함으로 작용할 수 있는데, 그들에 대한 배려가 없다는 말이었다. 특히 이러한 지점은 '가나안 성도'의 시민 윤리적 지향을 더욱 강하게 자극하였다. 실력과 신앙의 비례 도식이 윤리적이지 않다는 점에서 생기는 회의감은 교회의 윤리에 대한 의심으로 발전했다. 가령 J는 종교라면 오히려 이런 도식을 부정해야 한다고 이야기하였다. 그리고 교회가 이야기하는 선(善)과 윤리가 절대적이지 않을 수 있다는 생각은 교회의 교리 해석과 신에 대한 의심으로 번져갔다.

A: 설교를 듣는데, 너무 막 대학교 강의 같이 뭐 "이렇게 하면 성공하고 부지런하게 살면 성공하고 끝까지 포기하지 않고 그러면 성공한다" 이런 설교를 매주 듣다 보니까 설교가 마음에 안 들어서 (교회를) 안 나가기 시작하고, 그러니까 믿음에 대해서도 의심이 들기 시작하

고, 불공평하거나 어려운 사람들을 보다 보면 거기서 신의 존재를 의심했다고 해야 할까요? 너무 불공평한 사람, 불편한 사람을 보면서 이게 진짜 열심히 사는 것에 대한 문제는 아닐 텐데….

연구자: 그런 질문에 대해 목사님이나 교회 리더들을 찾아간 적이 있어요?

A: 물어봤더니 로마서 성경 구절 같은 이야기를 하면서 "모든 일에 합력하여 선을 이루시는 하나님의 그 뜻은 다 알 수 없다"는 식으로 "이해할 수 없지만 뭔가 당연한 거다" 이런 식으로 말하니까 이해가 잘 안 갔어요.

C: 제가 있던 교회가 고지론이라고 하나? 높이 올라가서 선한 영향력을 행사해야 한다는? 그러니까 사회적 지도자나 다른 사람들한테 인정받는 리더 같은 게 돼서 예수님의 사랑을 전해야 한다는 그런 이야기를 자주 했었거든요. 리더 얘기는 엄청 많이 했어요…. 근데 사실 올라갈 수 있는 사람은 한정되어 있고… 심지어 교회 안에서도 어쨌든 고저가 항상 있는데… 그런 사람들을 막, 아 이 사람들은 이렇다고 선망의 대상이 되는데, 사실 그렇게 되는 사람은 잘 없으니까. 좋은 가르침인 게 아니라고 생각했어요. (높은 곳으로 올라) 가면 당연히 좋죠. 근데 "각자 자리에서 열심히 할 수 있다" 뭐 그런 가르침도 아니고. 그렇게 애초에 못 올라가는 사람들도 있잖아요? 막 집에 빚이 많고 장애가 있고… 그러면 올라갈 수가 없는데 뭐 어떡하라는 건지… 그런 생각을 했죠.

J: 돈 이야기하는 거에서 누가 봐도 잘 사는 사람들을 "교회 다녀서

잘 된 거다" 이렇게 말하는 게… 그런 생각이 만연했던 것 같아요. 돈이 없어도 십일조 잘 내면 잘된다(사회적으로 성공한다), 어느 집 애가 대학을 잘 가고 취업이 잘 되고 돈을 잘 벌고 있으면 교회 다녀서 그렇게 된 거다. 그런 이야기들을 듣고 있으면 그건 아니지 않나? 그런 거랑은 상관없어야 하지 않나?

특히 A가 출석했던 교회는 신자유주의적 이데올로기가 강하게 작용하던 교회였다. 교파는 '예수장로교 합동'이었지만, 장로나 전도사, 목사 같은 직책을 없애고 성서에 나오는 대로 십부장, 오십부장, 백부장[15] 개념을 도입해서 신도 열 명의 리더, 오십 명의 리더, 백 명의 리더 등을 통해 운용되었다. 그리고 이러한 교회의 리더는 그저 신앙이 좋은 것만으로 뽑힐 수 있는 것이 아니었다. 리더가 되기 위해서는 매주 토요일마다 별도의 교육을 최소 3년 이상 받아야 했으며 신앙 외 모든 면에서 타의 모범이 될 수 있어야 했다. 타의 모범이 된다는 말은 사회봉사나 인성의 측면도 있었지만, 직업이나 지위, 심지어는 연봉까지도 기준이 되었다. 연봉이나 사회적 지위가 미치지 못하면 상위 리더로 올라가는 데 제한이 되었다. 그리고 이렇게 교회의 리더가 되면 자신이 맡은 열 명의 성도가 자신과 마찬가지로 다른 사람들에게 '모범이 될 수

---

15 출애굽기 18:25, "모세가 이스라엘 무리 중에서 능력 있는 사람들을 택하여 그들을 백성의 우두머리 곧 천부장과 백부장과 오십부장과 십부장을 삼으매."

있도록' 이끌어 주어야 했다. 그래서 리더들은 신도들의 일상 전반에 간섭하면서, 취업하지 못한 신도가 있으면 계획을 세우게 만들고 이를 지키는지 확인하였다. A는 새벽부터 저녁까지 자신의 일정에 간섭하려는 교회가 불편했으나, 가족의 강권으로 한동안 교회를 떠나지 못했다. A는 이러한 교회의 행태를 보며 신앙적으로나 사회적으로나 뛰어난 존재가 아니면 살아남을 수 없는, 적자생존 같다고 표현하였다. 이와 같은 환경에서 A는 제도 종교 권력과 신자유주의 이데올로기가 접합하고 있음을 간파하였다.

2) 남성 중심 이데올로기

한국교회에 남성 중심 이데올로기가 팽배하다는 사실 역시 새로울 것이 없다. 이숙진(2012)은 기독교에서 생산된 아버지 담론을 통해 온정주의적 가부장주의가 사회 전반으로 퍼져가고 있다고 비판하였으며, 심경미(2019)도 교회 내 정상 가족(normal family) 이데올로기를 비판하며 교회에 있는 가부장제가 여성의 결혼을 종용한다고 지적하였다. 또한 백소영(2018)은 개신교가 가부장적 통치를 종교적 언어로 포장하고 있다고 비판하였고, 은영준(2019)은 개신교 연애 담론 분석을 통해 개신교적 주체가 어떻게 구성되는지 분석하면서 개신교와 가부장제의 관계를 폭로하였다. 그리고 강남순(2017)은 기독교에서 가부장제의 피해가 여성뿐 아니라 남성에게도 미치고 있다며 기독교에 페미니즘 운동이 있어야 한다고 이야기했다. 이러한 연구들은 개신교 종교 권력이 젠더 이데올로기를 강화하고 있다는 것을 보여준다. 종교는 인간의 가치관과 인간관, 세계관을 형성하기에 종교 권력과 젠더 이데올로기의 상관관계를 보아야 한다는 것이다(강남순, 2003).

'청년 가나안 성도'와의 인터뷰에서 발견되는 개신교와 남성 중심 이데올로기의 접합은 그 발현 방식에 따라 크게 두 양상으로 나눌 수 있었는데, 하나는 여성에 대한 왜곡 및 억압이고 다른 하나는 동성애 혐오이다. 먼저 여성에 대한 억압에 대해서 성서를 문자 그대로 해석하려는 근본주의적 개신교의 모습에서 특히 많이 드러났다. 성서 구절을 통해 여성의 성 역할을 규정하고 강요하는 교회16의 모습에 '가나안 성도'들은 신앙에 대한 회의를 가졌던 것이다.

C: 짜증 났죠. 내가 여자로 태어나고 싶어서 여자로 태어난 것도 아니고 가뜩이나 억울한데 이것저것 다, 안 된다고 그러고. 열심히 기도하고 교회 다녀도 할 수 있는 건 목사 사모인 거예요. 근데 나는 그렇게 살고 싶진 않은데, 한번은 오프숄더를 입고 교회 간 적이 있거든요.

---

16 디모데전서 2:11-15, "여자는 일체 순종함으로 조용히 배우라. 여자가 가르치는 것과 남자를 주관하는 것을 허락하지 아니하노니 오직 조용할지니라. 이는 아담이 먼저 지음을 받고 하와가 그 후며 아담이 속은 것이 아니고 여자가 속아 죄에 빠졌음이라. 그러나 여자들이 만일 정숙함으로써 믿음과 사랑과 거룩함에 거하면 그의 해산함으로 구원을 얻으리라."

근데 아주 난리인 게, 이거 보면 남자들이 시험 든다고 엄청 뭐라 하는 거예요. 그래서 속으로 '니들이 안 꾸미는 거 보는 내가 시험 든다'고 생각했는데, (중략) 근데 누가 그러는 거예요. 디모데서가 바울이 쓴 게 아니라고.[17] 그 말을 들으니까 성경에서 하는 말을 다 믿을 수 있는 건가 싶고. 그래서 (교회를) 굳이 안 가게 된 것 같아요.

G: 저는 실제로 어렸을 때 우리 교회 목사한테 그런 이야길 들었어요. 여자가 어디 기저귀 차고 강대상에 올라가나? 이런 여성 성직 문제라던가. (중략) 이런 이야길 듣고 자랐으니까 은연중에 나한테도 '아, 여자는 목사를 할 수 없나 보다', '여자는 항상 긴 치마를 입고 다녀야 한다.' 중고등학생 때는 그런 게 있었어요. '긴 치마가 예쁘다. 긴 치마를 입는 게 예쁘다.' 그런 모습의 스테레오 타입이 있었죠. 그런 거에 영향을 미친 게 당시 다니던 교회의 목사 입을 통해서였고. 머리, 꼬리 이야기도 많이 들었었고. 그러니까 남자는 머리고 여자는

---

17 이 내용은 가톨릭 신학자 존 도미닉 크로산(John Dominic Crossan)과 마커스 보그(Marcus Borg)의 저작 『첫 번째 바울의 복음』에서 나온다. 여기서 저자들은 바울의 서신을 세 가지로 분류하는데, 확실히 바울이 썼다고 추정되는 것과 기준이 모호한 것, 확실히 바울이 쓰지 않았다고 추정되는 것의 분류이다(2009/2010). 그들의 분류에 따르면 디모데서와 디도서는 확실히 바울이 쓰지 않은 것으로 추정되는 것에 속한다. 이러한 추정은 사회적 맥락과 관련이 있는데, 당시의 문화권에서는 누구나 자신이 존경하는 사람의 이름으로 서신을 보내는 것이 일반적이었다고 한다. 이에 바울의 가르침을 따르려는 사람이 바울 이름으로 서신을 보냈고, 정경을 정하던 397년 니케아공의회에서는 시간이 오래 지나 이를 구분하는 것이 어려웠다는 것이 저자들의 주장이다.

꼬리라는….18 그런데 그게 이상하잖아요?

J: 그거는 좀 의아했었어요, 어렸을 때부터. 왜 장로는 남자들만 하지? 그리고 여자분들은 밥 차리고, 남자분들은 와서 먹기만 하고… 그리고 우리 교회 목사님은 밥을 항상 같이 안 먹고 그거를 권사님이 들고 자기 방에 차려다 주면 그때 먹었거든요. 그런 것 보면서 이건 이상하다고 생각했었죠.

다음으로는 동성애 혐오 논리를 살펴보자. 나영(2016)에 의하면 동성애 혐오 논리는 남성에게 가부장적 권력을 강조하고, 여성에게는 순결과 순종을 강요하기에 성적 보수주의와 가부장적 가족주의로 귀결된다. 이러한 맥락에서 동성애 혐오는 남성 중심 이데올로기와 매개되는데, 많은 '가나안 성도'가 동성애 문제에 대해서 관심을 표하였다. 이는 한국 개신교에서 가장 목소리를 크게 내는 영역이 동성애 혐오 발언이기 때문이다. 많은 '가나안 성도'는 동성애 죄보다 동성애를 혐오하는 죄가 더 크다며 자신의 윤리와 개신교 윤리의 충돌하는 지점으로 동성애를 언급했다.

---

18 고린도전서 11:3, "그러나 나는 너희가 알기를 원하노니 각 남자의 머리는 그리스도요 여자의 머리는 남자요 그리스도의 머리는 하나님이시라"; 고린도전서 11:7-9, "남자는 하나님의 형상과 영광이니 그 머리를 마땅히 가리지 않거니와 여자는 남자의 영광이니라 남자가 여자에게서 난 것이 아니요 여자가 남자에게서 났으며 또 남자가 여자를 위하여 지음을 받지 아니하고 여자가 남자를 위하여 지음을 받은 것이니."

E: 복음주의 수사가 되게 마음에 안 들었어요. 오히려 저는 겉으로는 신실한 척하면서 섹스를 하고 다니는 이런 거는 상관없었어요. 그런 거는 오히려 더 인간적이게 느껴졌어요. 근데 그냥 "동성애는 죄지만 그래도 사랑해야 한다" 이런 식으로 말하는 게 마음에 안 들었고. (중략) 2014년인가? 친구랑 동성애 문제로 싸웠는데, 정작 걔가 '디나이얼 게이'였어요. 그래서 나중에 일종의 커밍아웃을 저한테 했는데, 그거 자체도 저한테 영향을 많이 미쳤어요. 오히려 게이인 친구가 동성애는 죄다(고 이야기하는 상황에) 그래서 눈물이 나더라고요.

B: 이번에 "차별금지법이 제정되면 거리에 나가 있는 저를 보게 될 것입니다"라고 말하는 이재훈 온누리교회 목사처럼 그 맥락이나 이것을 아무것도 설명 안 하고 게이나 동성애자 이야기를 하면은 교회랑 반대되는 것인 양 답을 딱 선점해 놓고 이야길 해버리니까. 그러면은 일단 그게 뭔지도 모르는 사람들은 "목사님이 그랬으니까 맞을 거야" 하고 추종하고 따르게 되고 그런 식으로 담론이 만들어지고. 이거 너무 잘못된 형태의 답을 제시하는 것이 아닌가? 오히려 기독교인으로서 해야 하는 것은 질문을 던지는 거죠. "지금 이게 맞나요? 지금 이걸 하는 게 어떤 의미가 있나요?" 그런 정도의 단상을 던져주는 게 더 좋지 않나?

I: 어쨌든 공연을 하다 보니까, 공연은 사람들에 대한 이야기잖아요. 그러다 보면 사실 공연에서는 많은 사람을 다루죠. 그럼 성소수자도 있고, 소수자에 대한 이야기가 정말 많아요. 근데 그 소수자를 혐오하

는 듯한 발언을 들었을 때, 전 너무 듣기가 싫었어요. (중략) 대체적으로 하나님의 뜻이고, 뭔가 시혜적으로 말하고… 그런 분위기에는 뭔가 화가 났어요.

특히 동성애 이슈는 연구 참여자가 직접적으로 문제의식을 느끼지 않았다고 할지언정 '가나안 성도'가 된 이후에 고민하게 되는 방식으로 모든 연구 참여자의 공통된 주제였다. 이러한 점은 한국 사회에서 성소수자의 문제가 부상했던 측면도 있겠지만, 개신교회에 대한 안티테제로 형성된 지점도 보인다. 개신교 교리를 전유하는 과정에서 동성애가 죄라고 규정하는 교리 해석 방식에 문제를 제기한 연구 참여자가 많았기 때문이다. 자캐오 신부라는 이름으로 알려진 민김종훈(2020)은 이러한 개신교의 모습을 '다양한 특권을 누리면서도 이를 당연하게 만들고자 하는 시도'로 해석한다. '가나안 성도'들은 자신이 이성애-남성 중심의 사고로부터 특권을 받았거나 누군가에게 혐오를 행사하고 있었다는 것을 깨달으며 정체성을 구성한 것이다.

3) 정치적 보수주의

한국 개신교는 역사 속에서 제도 정치와 담합하며 성장해 왔다(김용민, 2016; 강인철, 2007a; 장형철, 2018; 김진호, 2016). 특히 근본주의적 개신교나 보수개신교는 건국 과정에서부터 정치와 긴밀한 관계를 맺었고, 1990년대 이후에는 지속적인 교세 감소에 대응하여 적극적으로 정치세력화하였다. 이는 교세 감소를 사회적 좌경화의 결과로 보고, 이교도나 공산주의자에 대응하여 복음을 바로 세운다면 해결될 수 있는 문제라고 본 시각이었다(김진호, 2016). 이에 개신교는 사회에 건강한 자유주의가 자리 잡지 못하게 만들고 사람들을 선동하는 공산주의와 대척점을 세우려 하였고, 성적 타락, 가족의 해체, 윤리 상실 등의 결과를 낳는 뉴에이지적 문화와의 전쟁을 선포했다. 친미 반공주의라는 사상과 개신교 근본주의라는 신학 노선이 결합하는 것은 자연스러운 결과로 보기 어렵지만, 국가주의를 매개로 균형점을 잡은 것이다. 그리고 이러한 흐름은 2000년대 이후 더욱 확장되어 개신교는 공식 발언과 사회운동을 통해 사회에 직접적으로 영향을 주고자 하였다. 국가조찬기도회의 설교나 한국기독교총연합회(이하 한기총)의 성명서, 「국민일보」 사설, WCC 반대 성명서 등이 대표적인 예시다. 또한 이런 실천은 거대 집단을 통해서만 이루어진 것이 아니라 개교회의 실천을 통해서도 드러났다. 1992년 여의도 순복음교회 담임목사 조용기는 '장로 대통령'이 뽑혀야 한다며 청와대에 김수환(추기경)이 들어가지 못하게 만들자고 하였고, 이런 '장로 대통령론'은 2007년 이명박의 출마 때에도 등장하였다.19

---

19 김용민(2016)은 보수 개신교계가 장로 대통령론을 가지고 나온 것에 대해 "정치권력과의 협력 관계를 형성함으로써 기득권을 보장받았던 과거 소극적 태도에서 탈

이러한 역사적 맥락에서 개신교와 정치 세력의 담합은 한국의 정치적 보수주의로 귀결되었다. 애국 우파와 종북 좌파, 미래 세력과 과거 세력 등으로 대조 관계를 만들고, 자신들이 사회의 이념 추가 될 것이라는 측면에서 '뉴라이트'를 지지하고 나선 것이다. 류대영(2009b)은 그 신학적, 사상적 기틀을 마련한 학자로 프란시스 쉐퍼(Francis Schaeffer)를 지목한다. 그에 따르면 쉐퍼는 개신교의 선악 이원론을 확장시켜 현실 정치에 대입하게 만들었고 이를 통해 정치적 정당성을 부여하였다. 김용민(2016)은 이러한 흐름에서 그치지 않고 개신교가 정치권력을 확보해 권력을 행사하기 위한 패권주의로 나아갔다고 비판한다.

'가나안 성도'들이 배타적으로 정체성을 구성하는 부분도 이 지점이다. 특히 20·30대 '가나안 성도'들은 자신의 삶의 맥락에서 크게 다가왔던 세월호 사건을 중요하게 기억했다. 당시 개신교계는 세월호 사건에 대해서 다양한 담론을 만들어 냈지만(장형철, 2016), '가나안 성도'들은 그중에서도 일부 대형교회 지도자들의 부적절한 언행에 불편한 감정을 느꼈다고 이야기했다. 이종원에 따르면 일부 대형교회 목사들은 세월호 사건을 두고 "조광작 목사(한기총 부회장)는 '가난한 집 아이들이 수학여행을 경주 불국사로 가면 될 일이지, 왜 제주도로 배를 타고 가다 이런 사단이 빚어졌

피해 권력을 창출하는 능동적 정치 주체로 변모하겠다는 의지로 풀이할 수 있다"(230쪽)고 주장한다.

는지 모르겠다'고 했고, 오정현 목사(사랑의교회)는 정몽준 서울시
장 후보의 아들이 희생자와 실종자 가족들을 '미개하다'고 비난한
것이 틀린 말은 아니라고 거들었다. 또한 김삼환 목사(명성교회)는
'하나님이 침몰하려는 나라를 구하기 위해 아이들을 희생시키며
세월호를 침몰시켰다'고 설교했다"(이종원, 2020, 53). '가나안 성도'
들은 이러한 개신교의 태도에 분개하며 자신의 윤리관과 개신교
의 윤리관을 분리했다.

> B: (왜 교회 다니던 당시의 친구들과 연락이 다 끊겼는지에 대해 이야기
> 하면서) 사람을 보는 관점이나 세상을 보는 저의 관점이 바뀌니까
> 그런 친구들과 대화하는 것 자체가 오래 가지 않고, 사회적 이슈에
> 대한 태도, 여성 혐오나 성소수자의 문제나 정치적 문제나… 성주
> 사드 뭐 이런 것도 있었던 걸로 기억하는데, 미군과의 관계, 외교
> 이런 거, 이런 관점들에 사람들의 태도에 반영되잖아요. 내가 생각하
> 는 좋은 사회의 방향성과 어긋나면 대화를 못 이어갔던 것 같아요.
> 특히 세월호가 그랬죠. 아니, 사람이 죽었는데, 하나님의 경고라거
> 나 죄의 결과라거나 막 그렇게 이야기하는 게 너무 꼴 보기 싫은
> 거예요.
> D: 세월호 사건이 컸는데, 그래서 내가 거기도 가고 그랬는데, 교회가
> 하는 일이 없는 거예요. 아니, 하는 일은 둘째치고 「조선일보」랑
> 이야기하는 게 똑같아. 그러니까 이건 문제가 있다.

하지만 그렇다고 '가나안 성도'의 간파가 비단 세월호 사건에
만 그치는 것은 아니다. '청년 가나안 성도'들은 기독교의 정치적
보수주의와 그에 따른 패권주의를 불편해했는데, 이는 개인이 가
지고 있던 원래의 정치적 지향과 개신교의 보수적 정치색이 부딪
힌 것이 아니라 비대칭적인 권력관계라던가 특정 정치인을 향한
맹목적인 지지에서 오는 윤리적 불편함으로부터 기인하였다. 실
제로 C나 K는 어릴 적에 보수적인 정치 색채를 가지고 있었다고
이야기했다. 그러나 시간이 지나면서 일방향적으로 이야기되는
설교에 불편함을 느꼈고, 그중에서 자신이 생각하는 기독교적 실
천과 거리가 먼 지점들이 해결되지 않아서 교회와 거리를 두게 되
었다고 이야기했다.

G: 저는 아무리 봐도 이명박이 이상한데, 교회에서는 장로 대통령을
  만들어야 한다고 교단 차원에서 굉장히 칭송하는 분위기가 있었단
  말이죠. 그러니까 '장로라고 다 밀어주면 되나?' 이런 마음이 싹텄던
  거죠. 그러다 보니까 거기서 파생된 여러 가지 이야기? 정치적으로
  나 종교적으로나 보수적인 분야들에 대한 의심들이 일었던 건데,
  그런 부분에 대해서 궁금해하면 "믿음이 없다", "기도를 더 해야
  한다"라는 식으로 퉁치고 넘어가니까 그게 답답했던 거고.

E: (정치와 종교) 두 개가 분리된 적은 역사 이래로 한 번도 없었다고
  배웠고, 그거는 제 삶의 포인트이자 공부할 때도 제 핵심적인 지표
  중의 하나였어요. 이게 되게 웃긴 게 정치에 관심 없다고 하는데,

사실 보이는 행동은 정치적인 것도 되게 많기 때문에 전혀 분리가
안 되는 게 너무 많고. 실제로 정치적으로 어떤 것들을 바꾸는 데
일조한다거나, 그 정치가 아주 큰 현실 정치를 말할 수도 있지만,
미시정치를 말한다고 하더라도 이랜드같이 노동 문제에서의 크고
작은 정치도 있을 거고. 한국 사회에서 권력관계를 뒤흔드는 중요한
축 중의 하나가 종교라고 생각하는 거죠. 그게 거대한 한국 사회의
권력관계든 작은 형태의 권력관계든 개인의 사고방식이건 간에.

K: 제가 중학교 때 열심히 다녔던 교회가 대구 성명교회라고 여러 번
뉴스에 나왔던, (예장 합동) 100주년 총회에서 용역을 부르고 가스
총 들고 했던 그 교회인데, 경상도 특유의… 특히 보수 우파 지형의
정치인들을 굳이 강조하는 설교들이 왕왕 있었죠. 어릴 적에는 그게
와닿지 않고 의례적으로 하는 건가 보다 했는데, 나이가 쌓이면서
접하는 뉴스들이 많아지고, 저 사람이 어떤 사람이고 저 정치인이
어떤 사람이고 이게 보일 때마다 불편함이 스며들었던 것 같아요.

물론 모든 '가나안 성도' 개개인이 처음부터 개신교 교회 권력
과 위 세 가지의 이데올로기적 요소의 접합을 모두 간파한 것은
아니다. 개인의 성향마다 주로 문제시 삼은 부분이 달랐으며, 자
신의 문제 이외에는 특별히 불편함을 느끼지 못했다고 이야기하
는 사람도 있었다. 그러나 흥미로운 점은 특정한 지점에 대한 간
파가 확장되어 '가나안 성도' 정체성을 얻고 난 이후에는 연구 참
여자 전원이 세 이데올로기에 대하여 같은 결의 생각을 가지고 있

었다는 점이다. 이러한 원인의 가장 큰 이유는 그들의 정체성이 제도 개신교 권력에 대한 안티테제로 구성되었기 때문이지만, 내부적으로 세 이데올로기를 연결하는 축은 시민 윤리적 공공성이다. 분명 세 가지 이데올로기 외에도 개신교 권력은 다른 이데올로기적 요소들과 접합하였을 것이다. 그러나 '청년 가나안 성도'들이 불편함을 느끼는 지점은 개신교 교회가 공공성을 추구하지 않는다는 점이었다. 결과적으로 현실적이고 기능적인 윤리성을 중심으로 구축한 '가나안 성도' 정체성은 세 가지 이데올로기와 개신교의 접합을 간파할 수 있게 만들었다.

5장

'청년 가나안 성도'들의
종교 문화적 실천

고전적 종교의 영역을 벗어나 현실 사회의 삶에서 윤리적 지향을 만들어 내고 지배 이데올로기를 간파하게 만드는 '가나안 성도'의 시민 윤리적 정체성은 이들의 삶 전반에도 영향을 미친다. 그러나 시민 윤리적 정체성을 가지고 있다는 말과 이들이 윤리적 삶을 살아간다는 말을 같은 의미로 해석할 수는 없다. 윌리스는 이데올로기를 거역할 수 없는 실재로 생각하여 간파가 곧장 저항으로 이어지지 않고 다른 이데올로기적 요소와 얽히면서 제약이 발생한다고 하였다. 그러나 홀의 관점을 따르면 이데올로기적 요소로 만들어지는 문화는 저항적 성격도 가질 수 있다. 이에 '가나안 성도'들의 문화적 실천이 지배 이데올로기에 저항하고 있는지, 아니면 제약에 얽히는지를 보아야 한다. 따라서 이 장에서는 먼저 '가나안 성도'들의 종교적 실천 중 '종교적인 것'으로의 실천, 즉 종교 문화적 실천[1]이 어떤 양상을 보이는지 살피고, 지배 이데올로

---

1 이 글은 '청년 가나안 성도'의 실천을 이야기할 때, 본질적 종교성을 상정하는 '종교

기와의 관계 외에 이들의 종교 문화적 실천에 영향을 주는 것이 있는지를 확인한 후에 '가나안 성도'가 구체적인 지배 이데올로기에 저항적 실천을 만들어 내는지, 이데올로기적 제약에 묶이는지 확인하고자 한다.

1. 종교적 의례에서 사회적 의례로

자신이 정의하는 기독교인으로서 스스로를 정체화한 '가나안 성도'들의 행위를 실천으로 규명하고 그 실천 양상을 보는 것은 어려운 일이다. 특히나 종교의 형식을 벗어난 모든 문화적 실천이 '종교적인 것'으로의 실천이 될 수 있기에 특정한 형태의 실천이 종교적인 실천인지, 그저 일상적 행동인지 판단하는 것은 연구자의 자의적 해석이 들어갈 수밖에 없다. 실제로 '가나안 성도'들에게 기독교인으로서 어떤 일을 했는지 물었을 때, 자신의 행동이 기독교인으로서 한 것인지, 기독교인이 아니었어도 했을 것인지 구분하기 어려워했다. 이에 연구자는 기독교인이기 때문에 특정 행위를 했다기보다는 연구 참여자가 생각하는 가치관에 부합하는

적 실천'과 거리를 두고자 정진홍(2003)의 '종교 문화'적 실천이라는 단어를 사용하였다. 따라서 이는 특정 제도 종교에서 오는 종교의 문화가 아님을 다시 한번 강조하며 본문에 기술되는 종교 문화적 실천 역시 기능적 종교성을 포괄하는 종교적 실천, 즉 종교적인 것으로의 실천임을 밝힌다.

실천의 양상이 어떤지를 다시금 질문하는 과정을 거쳤다. 가령 "스스로 기독교인이라고 생각하는 것이 직장 생활을 할 때 다른 점을 만듭니까?"라는 질문보다 "(연구 참여자가) 정의 내린 기독교인의 가치를 좇기 위해 직장 생활에서 차이를 만드는 점이 있습니까?"라고 묻는 식이었다.

이에 연구 참여자 F는 항상 의식적으로 기독교인의 삶을 살려고 하는 것은 아니지만, 그럼에도 세밀한 일상의 영역에서 누군가가 희생해야 할 때, 자신이 하려고 하는 태도들에 영향을 주었을 것이라고 이야기했다. 또한 B는 누군가와의 관계가 자신에게 이득이 될지, 안 될지 따지지 않고 최대한 더 친절하려고 마음먹게 되는 지점이 있다고 이야기했다. 이처럼 연구 참여자들은 자신이 의식적인 실천을 하는 것이 아니라 명확하게 말하기 어렵지만, 그래도 나름의 실천을 하고 있다고 대답하였다. 따라서 '가나안 성도'의 정체성이 특정한 형태의 실천으로 귀결된다고 단언할 수는 없다. 그러나 '가나안 성도'의 행위가 의식적이지 않은 차원에서 일어난다고 하더라도 그러한 실천의 기저에 그들의 정체성이 영향을 주지 못했다고 단언하는 것도 불가능하다. 한편 '가나안 성도'의 실천을 규명하는 작업에서 또 다른 어려움은 이들의 실천이 작위적인 형태로만 일어나는 것이 아니라는 점이다. 이들의 실천을 구성하는 상당 부분은 기독교인으로서 무언가는 하지 말아야 한다고 생각하는 맥락에서 만들어졌다. 기독교인의 정체성이 부작위적 실천으로 발현되었던 것이다. B는 가족과의 대화 상황을 이야기하며 기독교인이기에 자신의 행동이 달라졌던 점을 이야기하였는데, 여기에는 뚜렷한 실천적 요소가 존재한다. 그리고 F는 명확하게 '부작위'라는 단어를 사용하며 자신의 실천 양태를 설명하였다.

B: 제가 보통 제 동생한테는… 동생이 혐오적인 발언을 하거나 그런 차별적인 언행을 했을 때 "그거는 그렇게 말하지 마" 그런 식으로 얘기를 해요. 그런 식으로 바로 잡아가면서 다른 사람들이 이거에 대해 어떤 영향을 받을지 설득을 시켜요, 동생이니까. 그런데 친척들을 만났는데 친척들이 막 그걸(혐오 발언) 하는데 제가 그걸 그냥 넘기는 거죠. 이건 내가 지금 말해서 바뀔 거라고 생각하지도 않고, 그만큼 애정을 품고 있지도 않고, 동시에 지금 이 모임에서의 목적 안에서는 자기가 바로잡아지거나 그랬을 때 그 사실을 바로잡아주거나 반환시킨다고 하는 게 이 사람들 입장에서는 사랑이나 기독교적 그런 게(가치) 아닐 거라는 걸 아니까요. 그 사람들한테는 제가 그렇게 말을 안 하더라고요. 저 사람의 기독교인 정체성과 나의 그것은 다르니까. 그래서 그럴 때 제가 그런 말을 안 한다는 것은 오히려 기독교적 실천일 수 있지 않을까 하고 생각을 해요…. (강조하는 어투로) 관용! 아주 제멋대로의 관용이겠지만. '지금 내가 치고받고 이 사람을 변화시키겠다?' '안 변한다. 물론 단정할 수는 없지만 아주 오랜 시간이 걸린다.' 그랬을 때 '저 사람은 변하고 싶을까?' '아닌 것 같아', '저 사람은 지금 행복해?' '행복한 거 같아.' 심지어

그 사람은 기독교인이라고 말하죠. 매주 찬양팀 가서 찬양하고 찬양 인도를 해. 저 사람 삶에서의 맥락에서 기독교인으로서의 맥락. '하나님이란 존재란 게 있을 때 나라는 존재는 그러면 어디서 있어야 되지?' 했을 때, 굳이 그 (사촌의) 대척점에 서지 않으려고 하는? 그게 제 나름대로의 기독교인으로의 실천이지 않을까요?

F: (기독교인으로의 실천이) 작위의 영역이 아니라 부작위의 영역에서는 가능할 것 같아요. 기독교인으로서 사치를 부리지 않는다거나 명품을 사지 않는다거나 이런 것들은 제가 기독교인이기 때문에 하지 않는 부분인 것 같아요.

물론 B의 인터뷰 내용에서 B의 선택에 대해 기독교인 정체성으로 나온 결론이라고 단언하기에는 무리가 있다. B가 생각하는 기독교적 가치를 추구하는 행동으로 볼 수도 있지만, 한편으로는 B가 가족과의 관계에서 문제를 일으키고 싶지 않다는 생각이 있을 수 있기 때문이다. 그러나 중요한 것은 이들의 대답에서 드러나는 실천의 성격이다. 이러한 인터뷰 내용은 의식적이고 작위적인 행위만을 '가나안 성도'로의 실천으로 볼 수 없다는 점을 알려준다. 들뢰즈와 가타리는 경제적 부정의에 대해서 행동하려는 마르크스주의적 실천만이 실천이라고 보지 않는다. 이들은 모든 존재의 다양한 공존이 이루어지게끔 하는 무의식적 생산을 실천으로 보았다(최진아, 2019).[2] 홀 역시 비슷한 맥락의 주장을 하였는데, 그는 윌리엄스의 실천 일반(praxis) 개념을 빌려와서 문화의 실천성을 이야기한다. 이는 경험 속에서 만들어지는 구체적 실천들(practices)이 문화 속에서 교차하며 실천 일반을 형성한다는 것이다. 따라서 '가나안 성도'들의 실천 역시 구체적이고 의식적인 작위적 실천만을 실천으로 보는 것이 아니라 그들이 만들어 내는 다양한 문화적 총체성을 바라보는 것이 필요하다.

이러한 맥락에서 '가나안 성도'의 실천을 보면 이들의 실천은 시민 윤리에서 기인하는 특정한 방식의 의례를 수행하고 있다고 볼 수 있다. 의례는 그것이 진행되는 동안 공동체의 구성원들에게 공동의 가치나 관념을 통해 집합적인 감정을 일으키는 것이다(Durkheim, 1912/2020). 뒤르켐은 이러한 의례가 사회통합의 역할을 한다고 이야기하였다. 사람들이 모여 집합의식을 만들어 내고, 이는 다시 고양된 감정을 만들며, 이를 통해 사회적 통합이 이루어진다는 것이다. 이러한 의례 개념은 기존의 종교 연구에서 많이 다루어졌다. 그러나 의아한 점은 '가나안 성도'가 동질적 집단을 구성하지 않는다는 점이다. 이들은 모여서 특정한 의례를 행하지도 않고 동질적인 정체성을 가지지도 않는다. 또한 기존 개신교 교회에서 제시하는 성과 속 구분을 무비판적으로 수용하지도 않는다. 따라서 '가나안 성도'의 종교적 실천을 뒤르켐의 의례 개념

---

2 이러한 차이는 존재론의 차이에서 기인했는데, 마르크스에게 주체는 행동하고 실천하는 존재인 반면 들뢰즈와 가타리는 무의식의 생산력을 통해 만들어지고 변화하는 존재인 것이다.

으로 보는 것은 한계가 있다.

　그러나 의례 개념을 확장한다면, 그 확장의 여정에 따라 '가나안 성도'의 종교적 실천도 변모하고 있음을 이야기할 수 있다. 렌달 콜린스(Randall Collins)는 고프먼(Erving Goffman)의 상호작용 의례 개념을 이어받아 사회적 삶에는 비단 종교 집단이 아니더라도 사람들 간의 상호작용을 통해 유대감을 만들고 정서적인 에너지를 증진시키려는 노력이 존재한다고 주장하였다(Collins, 2004/2009). 개인 간의 상호작용이 특정한 방식의 의례를 수행함으로써 정서적인 결과물을 만든다는 것이다. 이때 상호작용 의례는 특정한 집단에 동질적인 규칙으로 작용하는 것이 아니라 특정한 상징을 매개로 언어적, 비언어적 행위로 구성된다. 그리고 이러한 의례는 정체성 확립에 영향을 줄 뿐만 아니라 새로운 사회적 실천으로 이어지게 만드는 원동력이 된다. 따라서 '가나안 성도'의 실천을 기존의 종교적 의례가 아닌 사회적 의례로 분석한다면 동질적인 종교적 상징을 벗어나는 실천의 양상들을 짚어낼 수 있다.

B: 2017년, 2018년까지는 자케오 신부님이 만든 무지개 색깔 묵주를 퀴어들과 연대하겠다는 의지로서 차고 다녔어요. 심지어 다른 기독교인 친구들한테도 무지개 색깔 하면 그런 생각을 하게 되니까 같이 기억하고 연대하라는 의미로 그걸 알려주었어요. 그리고 기독교적 사회 안에서는 그런 인식이 너무 적다 보니 이걸 사라고 광고하고 다니고… 종류가 한 스무 가지 되는데, 같이 학회 하던 사람, 같이

수업 듣는 사람한테 사라고 하고…. 모르는 사람도 길 가다가 보면 '오! 쟤도' 이런 내적 친밀감이 있었는데….

D: 저는 살면서 진짜 안 우는 편인데, 〈레미제라블〉 보면서 진짜 펑펑 울었어요. 그게 전 엄청 기독교적인 영화라고 생각하거든요. 고통받고 소외받는 사람들…. 그게 누군가를 시혜적으로 도와주는 것이 아니라 우리가 함께 고통받고 함께 만들어 가고, 함께 나눈다는 것? 그게 엄청 감정적으로 울컥했던 것 같아요. 그래서 친구들이랑도 또 보고… 그건 진짜 볼 때마다 울어요.

이들의 이야기에서 나오는 의례는 기존의 종교 의례와는 궤를 달리한다. B에겐 소수자를 상징하는 묵주가, D에게는 영화가 의례를 구성하는 상징이 되고 이를 잇는 서사가 만들어진다. 묵주를 차고 함께 영화를 보는 의례 가운데 이들의 사회적이고 종교적인 실천이 만들어지는 것이다. 또한 이들과는 달리 구체적인 경험이 없더라도 '가나안 성도'가 사회적 의례를 희망한다는 것은 이들이 공동체를 어떻게 생각하는지에 관한 질문에서 드러난다. 연구 대상에서 언급하였듯이 '가나안 성도'를 교회에 돌아가고 싶은 마음이 없는 존재로 규정할 수 없다. 이들에게 이 문제는 중요한 문제가 아니기 때문이다. 연구 참여자 중에서도 돌아갈 마음이 있거나 없다고 확언하는 사람보다는 조건을 달거나 모르겠다고 대답한 사람이 더 많았다. 그러나 공동체의 필요성을 묻는 질문에 대해서는 모든 사람이 필요하다고 답변하였다. 사회는 혼자 존재할 수 없는 곳이고, 함께 공유하며 살아갈 공동체가 필요하다는 것이다. 다만 그곳이 꼭 교회일 필요가 없다거나 교회가 아니었으면 좋겠다는 점에서는 대답이 갈렸다. 이러한 답변은 이들의 실천 지향이 사회적 의례로 구축되고 있음을 의미한다.

2. 기존 개신교와의 구별 짓기

'청년 가나안 성도'의 시민 윤리적 정체성이 사회적 의례를 통해 종교 문화적 실천을 만든다는 점은 분명 기존 개신교인과의 차이점 중 하나일 것이다. 그러나 이들의 실천이 시민 윤리라는 정체성의 축만으로 형성된다고 말할 수는 없다. 분명 이들의 정체성에서는 시민 윤리적 지향을 관찰할 수 있었지만, 한편으로는 제도 개신교에 대한 반발, 즉 안티테제로 구성된 측면도 존재했다. 이러한 점은 연구 과정에서 도출된 세 가지 지배 이데올로기와의 관계만으로 개인의 정체성과 종교 문화적 실천을 다루는 것이 어렵다는 것을 의미한다. 연구 참여자들은 자신의 정체성이 기존 개신교도들과 다르다는 점에서 구분하고 있었고, 이들의 행위에서도 이러한 구분이 드러났다.

흥미로운 점은 이 구분이 그저 다르다는 차원에서 만들어지는 것이 아니라 모종의 위계를 생성한다는 것이다. 물론 연구 참여자마다 정도의 차이는 있었다. A나 H의 경우에는 기존 개신교인들의 행위 중에서도 배워야 할 점이 있다거나 사회적으로 긍정적인 영향을 끼치는 부분이 있다고 이야기하였다. 그러나 한편으로는 이들의 말에서도 교회의 교리 해석이 불러오는 폭력성을 지적하며 자신과 다르다고 경계를 긋는 지점이 존재했다. 다른 연구 참여자들의 경우에는 더 적극적으로 자신의 종교성과 기존 교회의 종교성을 구분하였다. 이러한 점은 언어적으로도 비언어적으로도 표현되었는데, 앞서 인터뷰 내용에서도 자주 확인할 수 있는 점은 인터뷰 인용 표기로 '(웃음)'이라고 적은 부분이 많다는 점이다. 연구 참여자들이 주로 웃었던 지점은 기존 개신교의 교리 해석을 조소하거나 개신교 교회를 격하하거나 자기 생각이 지나치게 여과 없이 표현되었다고 생각했을 때였는데, 구체적으로는 개신교를 '유사종교'라고 표현하거나 '한국교회교'라며 개신교 교회를 자신이 생각하는 기독교와 구분 짓거나 성서를 '에세이'라고 표현하거나 개신교가 사회에 '악영향'을 미쳤다고 단언할 때 등이 있었다.

'가나안 성도'의 위계화는 비언어적 표현뿐 아니라 언어적으로도 표현되었는데, 특히 자신이 교회를 다닐 때 얼마나 열심히 활동했는지에 대한 질문에서 관련된 표현이 많이 나왔다. 정재영(2015)은 '가나안 성도'가 '선데이 크리스천'이나 '나이롱 신자' 등 기독교인으로의 정체성이 약한 사람으로 폄하되기 쉽지만, 사실 '가나안 성도'들의 대부분은 교회에 10년 이상 정착했던 사람으로 진지한 기독교인이었다는 점을 언급한다. 이 말처럼 연구 참여자들 역시 오랜 시간 교회를 다녔고 교회 내 중요한 직책을 맡아 왔다. 그러나 지금은 교회를 다녔을 때와 강력하게 구분을 지으면서 그 때의 자신과 지금의 자신이 완전히 다르다고 이야기한다. 가령 과거의 자신을 부끄럽다고 이야기하거나 그땐 어렸다고 말하면서 현재의 정체성과 단절을 만드는 것이다. 실제로 D는 예전에 열심히 교회 다닐 때 만나던 사람들과 지금 연락하는지를 묻는 질문에 과거의 자신이 부끄러워서 연락하지 않는다고 답변하였고, B는 자신이 열심히 신앙생활을 한 과거에 대해 다른 사람의 인정을 바라고 신앙이 좋은 사람으로 보이고 싶어 했던 모습을 이야기하면서 '커밍아웃'[3]이라는 표현을 사용하며 지금의 자의식과 분리하였다. K는 심지어 얼마나 열심히 신앙생활을 하였는지 묻는 질문에 "온몸에 소름이 돋는 게 못 견딜 것 같다"면서 대화 중간중간에도 "(예전의 자기 모습에 대한) 기억이 너무 끔찍하다"거나 "너무 부끄럽고 민망하다"는 표현을 하였다.

> D: 연락하는 사람들이 있긴 있는데, 굳이 따지자면 거의 연락을 안하고…. 아, 중학교 때 또 기독교 대안학교를 다녔어요. 그래서 그때 찬양팀을 했었고, 그땐 전부 다 엄청 열심인 사람들… 가운데서

---

3 연구 참여자는 이 표현을 사용하고 난 뒤, 이것이 퀴어에 대한 감수성이 없는 발언으로 들리는 것을 경계하며 그런 표현으로 사용하고자 한 것이 아니라는 점을 강조하였는데, 이러한 점은 '가나안 성도'의 윤리적 지향을 단편적으로 보여준다.

매일 새벽 기도를 했었고 매주 찬양 인도를 했고 그랬는데, 그 당시 사람들이랑은 아예 연락도 안 하고, 뭔가 그때 그 열심이 저한테는 좀 부끄러운 과거 같은 느낌이랄까? 그런 게 있어요. 대학교 때 만났던 사람들은 연락하는 사람들이 조금 있긴 한데, 그 사람들은 굳이 그 기독교 공동체로 만났기 때문에 연락한다기보다 인간적인 친밀감 혹은 종교적인 이유 이외의 것들에서 오는 시간과 유대감 때문에 연락하고 있는 게 아닌가 싶습니다.

B: 그 안에서는 신앙적으로 성숙한 것, 그것이 특정될 수 없지만. 대강 사람들이 눈으로 봤을 때 이게 보이잖아요. 저 사람은… 아, 진짜 커밍아웃 같은데 (웃음) 예배드릴 때 쩐과 쩐이 아닌 게 어느 정도 사람들마다 이렇게 느끼잖아요? (웃음) 기도할 때 서로 목소리 내면서 기도하다 보니까 누가 소리가 큰 사람이 있거나 아니면 방언하는 사람 있거나 그러면 서로 간에 (신앙적) 격차가 보이는 거죠. 그렇기 때문에 아침 새벽 모임을 가거나 정오 기도 모임을 가거나 혹은 찬양팀을 하는 기표(?) 이런 거는 절 잘 모르는 사람도 '아, B라는 사람은 되게 하나님과 가까워지려고 노력하는 사람이구나' 그런 롤모델이 될 수 있는 대상으로서. 공부 잘하는 것도 물론 중요하겠지만 여기서는 신앙이라는 지표가 엄청 크게 작용하는 것 같아요. 물론 그 신앙이라는 지표에는 그 사람의 기본적인 됨됨이나 인성이나 그런 게 같이 묻어나온다는 게 기독교적 교육의 그런 거긴 하지만.

이런 '가나안 성도'의 회고는 일견 개신교의 '회심 모델'과 비견

되기도 한다. 개신교에서 회심은 기독교인이 아니었다가 기독교인이 되는 과정을 의미하는데, 성서에서 대표적인 예시이자 모범적인 사례로 언급되는 인물은 바울이다. 바울은 당시 기독교인들을 핍박하고 다니다가 예수의 음성을 듣고 기독교인으로 돌아선 인물이다.[4] 개신교 교회에서는 이러한 신앙의 과정을 복음 전파의 궁극적인 목표로 설정하고, 비슷한 신앙의 과정을 간증하게 하여 동질적인 정체감의 고조를 일으킨다. 실제로 자신의 신앙을 간증하는 사례들은 유튜브나 주변에서 쉽게 발견할 수 있다. 이러한 간증은 세속의 삶을 살았던 자신의 과거와 신앙의 삶을 사는 지금을 구분하면서 서사화되는데, 이러한 단절이 '가나안 성도'의 그것과 닮아 있다는 것이다. 차이점이 있다면 회심 모델에서는 과거와 현재를 구분하는 경계가 신앙이나 진정성이라면, '가나안 성도'는 깨달음과 시민 윤리라는 점이다.

이와 같은 구분은 '가나안 성도'들에게 기존 교회에서 만나던 사람이 자신을 '교회로 돌아올 사람'으로 보면 어떤 기분이 드는지에 관한 대답에서 가장 극명하게 드러난다. 교회로 돌아오라는 권고는 본질적 종교성의 기준에 따라 '가나안 성도' 자신을 종교성이 없는 사람으로 규정하는 것인데, 자신은 더 윤리적이고 더 종교적인 사람이라고 생각하는 것이다. 게다가 연구 참여자들은 교회를 열심히 다니는 사람들에 대해 진리라는 허울에 갇혀 정작 중요한

---

4 사도행전 9:1-22.

것을 깨닫지 못한 사람으로 보고 있었다. 최소한의 합리적 판단을 하는 사람이라면 신앙에 대해 더 고민하고 다른 사람을 관용할 수 있어야 하는데, 다른 사람에게 전도할 정도로 열심히 신앙생활을 하는 사람들은 그런 고민을 하지 않는 사람이라는 말이었다.

연구자: 교회로 돌아와야 한다고 이야기하는 사람의 말을 들으면 어떤 기분이 드세요?

D: 가소롭다? (웃음) 이것도 물론 저의 편견이지만, 기존 교회에서 남아 있으면서 신앙을 하는 사람 중에 정말 깊이 고민하고 자기만의 신앙적… 단순히 교회 나가고, 내 신앙이 어떻고, 뭘 해야 하고가 아니고 진짜 자기의 신앙을 쌓아 올려서 깊은 고민과 함께 자기만의 답을 찾고, 노력하고 혹은 공부하는 사람들이 많이 없다고 생각해. 특히 한국교회에서는 더더욱 그런 거를 지양하는 분위기가 있기 때문에 (신앙에 대해) 공부도 잘 안 하고 고민도 안 하는 사람들이 하는 이야기 같아서 가소롭다? 오히려 친한 사람들한테는 그만큼 내가 친밀하기 때문에 나의 생각이나 내가 가진 신앙에 대해 설명을 한다고 하면, 그런(교회로 돌아오라는) 얘기나 마인드를 갖고 있는 사람들은 나에 대해서 잘 모르고, 내가 어떤 생각을 갖고 있고 어떤 흐름을 통해서 이런 결론 혹은 이런 소결에 도달했는지를 모르고 있는 거기 때문에 오히려 별로 타격감이 없이 받아들이는?

B: 같잖죠. 개신교에서는 일주일에, 아니 한 달에 한 번이라도 교회를 안 나와도 "너는 왜 요즘 교회를 안 나오냐?" 이렇게 되니까 오히려

일반 기독교인들 대해서는 같잖은 느낌이 들어요…. 왜냐하면 "너네는 왜 항상 예배가 일요일에만 있다고 생각해?" 그리고 "꼭 항상 예배 와서 목사님과 교제가 있어야 된다고 생각해?"라는 점에서는 같잖죠. (중략) 깨달음의 있고 없고의 차이? (웃음) 깨달음의 유무의 차이죠. 진짜 세상이 있다, 밖에. 빨간 약과 파란 약이 있는데 왜 자꾸 현실을 거부하는 약을 먹냐. 안도하지 마라. 밖에 나오면 밖은 야생이야. 혼자 살아 나가야 해. 가시밭길을 걸어야 하는데….

G: 한번 그런 적도 있어요. 제가 어떤 이슈들에 대해서 페이스북에 글을 썼는데, 중고등학교 기독교 중창 동아리 후배였던 친구가 페이스북 글을 보고서 연락을 한 적이 있어요. "오빠, 이상해요"라고.

연구자: 그때 어떻게 반응하시거나 어떤 생각을 하셨어요?

G: 얘는 여기 아직 머물러 있구나. 이런 느낌? (웃음) '그래. 넌 아직 거기 있구나.'

이러한 맥락은 이데올로기에 대한 저항이나 제약으로 해석할 수 없는 부분이다. 물론 제도 종교 권력에 대한 저항의 맥락으로 읽을 수도 있지만, 그보다는 부르디외(Pierre Bourdieu)가 말한 '구별 짓기'에 더 가깝다. 부르디외는 마르크스주의 전통에서 오는 계급 개념에 대해 이론이 아닌 현실 사회에서는 경계가 뚜렷한 '이미 만들어진 계급'(ready-made class)은 존재하지 않는다며 동질적 집합으로의 계급을 거부하고 경제적, 사회적 분화 속에서 발견되는 차이를 설명하려 했다(Bourdieu, 1987). 이에 부르디외는 장이론 (field)과 자본(capital), 하비투스(habitus)라는 개념을 통해 사회적 현상을 풀어내고자 하는데, 장은 사회 전체의 공간에서 독립적인 소우주를 의미하며 각각의 장은 저마다의 고유한 논리와 '내기 물'(stakes)을 가진다. 여기서 특정 장에 속한 사람들은 각자가 가진 자본의 종류와 양 그리고 시간의 흐름에 따라 각기 다른 위치를 가지게 된다. 그리고 유사한 위치에 있는 행위자들은 유사한 조건과 상황 가운데 유사한 성향을 가지게 된다(Bourdieu, 1985; 1992/2015; 이상길, 2018). 이것이 하비투스로 특정한 방식의 실천을 만들어 내는 개인의 성향 체계를 의미한다. 부르디외는 특정한 장에서 특정한 하비투스를 가진 개인들이 '자신에 대한 위치감각'(a sense of one's place)을 가지게 되는데, 이는 자신을 특정한 위치에 놓을 뿐 아니라 자신과 타인에 대해 일정한 거리를 유지하게 만든다고 이야기한다(Bourdieu, 1985). 다시 말해 위치감각은 타인과 자신을 구별 지으며 유사한 하비투스를 지닌 이들에게 집단적 정체성을 부여하는 것이다.

중요한 것은 부르디외가 이러한 성향 체계 속에서 '구별 짓기'를 이야기하는 요점이 문화자본(cultural capital)에 의해 불평등이 생김을 지적하는 점에 있다는 것이다. 부르디외에 따르면 사회에서 개인은 자신의 문화적 자본과 교육적 기반을 타인과의 차별화의 기제로 사용한다(조희진, 2010). 다시 말해 개인의 문화적 선호, 즉 취향은 구분 과정을 통해서 타인과의 차이를 만들고 동시에 이

를 감추는 획득된 성향인 것이다(Bourdieu, 1979/2005). '가나안 성
도'들이 기존 개신교도와 스스로를 구별 짓는 것 역시 같은 맥락이
라고 볼 수 있다. D가 이야기했던 "기존 개신교도들은 신앙에 대
한 공부나 성찰을 하지 않는다"는 점은 경제 자본이 아닌 문화자
본에 의해 이루어지기에 이들은 체화된 하비투스를 통해 기존 개
신교도보다 우월한 지위에 있음을 의식하고 있다고 볼 수 있다.

3. 지배 이데올로기에 대한 종교 문화적 실천

이 장에서는 '가나안 성도'의 시민 윤리적 정체성이 어떠한 실
천을 만들어 내는지 보고자 한다. 정체성은 개인의 실천을 만들어
내고 의미화하는 데 작용을 하지만, 특정 정체성을 가졌다는 점이
특정한 방식의 실천을 만들어 낸다고 볼 수는 없다. 비단 '가나안
성도'뿐만 아니라 기존의 제도 종교인 역시 특정한 지향의 윤리성
을 정체화하지만, 개인의 실천은 저마다 다르다. '가나안 성도' 역
시 시민 윤리적 정체성을 가졌다는 점을 통해 그들의 행위와 문화
적 생산을 일반화할 수 없고, 모든 실천이 저항적 실천으로 귀결
된다고 볼 수도 없다. 인터뷰 결과, '가나안 성도'들은 자신이 간파
했던 이데올로기적 요소들에 대해 저항하는 실천을 만드는 경우
도 있었지만, 다른 이데올로기적 요소에 묶여 제약이 걸린 경우도
있었다.

1) 강압이 아닌 선택으로의 자기 계발과 성실성

앞 장에서 '가나안 성도'들이 교회의 설교에서 자기 계발을 권하는 것을 보며 제도 종교와 신자유주의적 자본주의 이데올로기의 접합을 간파했다는 것을 확인할 수 있었다. 그렇다면 이들의 실천은 어떤 방향성을 가지는가? 이에 대한 경향성을 가장 뚜렷하게 보여주었던 사례는 연구 참여자 A의 실천이었다. A는 교회에서 나오게 된 주요 계기로 교회가 신자유주의적 주체를 강요한다는 지점을 꼽았다. 이러한 설교는 교회에서 할 설교가 아니라는 것이다. 그러나 교회를 벗어난 A는 신자유주의 이데올로기의 작용으로부터 벗어나지 못했다. 오히려 그는 교회에 있을 때는 그래도 자기 자신이 게으르지 않았다고 성찰하였다. 물론 이러한 점이 교회로 돌아가고 싶다거나 기존의 교리 해석을 받아들인다는 의미는 아니었다. 그러나 신자유주의적 주체로부터 저항적 실천을 만드는 양상보다는 다시 이데올로기적 제약에 놓여 있는 실천을 만들고 있었다.

A: (교회를 다닐 때의 습성이) 오히려 좀 남아 있는 거 같아요. 너무 오래… 어쨌든 살면서 제가 게으르기도 하고, 시간 낭비도 많이 하고, 그런 것들이 크게 유익이 안 되는 게 사실이고, 성경에서도 그런 걸 멀리하라고 가르치는데, 그런 관점에 있어서는 아직 가치관이 좀 남아 있는 것 같아요. (중략) 근데 제가 게으르고 방탕하게,

무의미하게 시간을 보내보고 나면 항상 공허한 느낌은 지울 수가 없더라고요. 그런 의미에서 그 공허함이 잘 컨트롤이 안 되면은 교회에서의 그런 가르침이 어느 정도의 의미도 있는 것 같아요.

물론 A의 경우 특수성이 있었다. A의 출신 교회에서는 시간 단위로 자기 계발을 시킬 뿐 아니라 취업이나 창업에 대한 여러 가지 컨설팅, 조언, 자격증 시험에 대한 정보 등을 제공하였다. 교회에서 주는 자기 계발 차원의 이익이 가시적으로 존재했기에 이러한 부분에서 빈자리를 느끼는 것이다. 또한 오랜 기간 취업 준비를 하며 힘들어했던 개인적 상황 역시 A의 정체성과 실천에 영향을 미쳤다. 그러나 다른 연구 참여자들도 돈이나 직업에 관한 생각에 있어서 신자유주의 이데올로기에 의한 제약으로부터 자유롭지 못했다. 교회에서 세속적 실력과 신앙을 연결시키는 것은 불편하지만, 그럼에도 자본주의로부터 벗어날 수는 없다는 생각이었다. 물론 연구 참여자마다 돈을 대하는 온도 차이는 존재했다. F는 여전히 돈이 기독교적 가치와 양립할 수 없다는 생각이었고, B의 경우에는 오히려 기독교적 가치를 실현하기 위해서 돈이 필요하다고 인식하였다. D는 양측 모두의 생각에서 자신의 입장을 정리하고자 하였다. 그러나 이러한 온도 차이와 별개로 개인의 실천은 적극적으로 신자유주의 이데올로기에 저항하지 못하였다.

F: 돈은 기독교 정신으로 사는 것과 양립할 수 없는 부분이라고 일단

생각해요. 구체적으로 직장에서 일하고 돈을 벌면서 사실은 돈이 많아지면 더 많이 기부할 줄 알았어요. 돈이 없을 때도 기부를 했기 때문에. 그걸 한 이유는 기독교인으로서 내가 가지고 있는 거를 나눠야 한다고 생각을 했는데, (지금은) 돈을 더 많이 벌었지만 기부는 더 많이 하지 못하고 있어요. 그래서 돈과 기독교가 공존하는 것이 매우 어렵다고 생각해요.

D: (돈을 많이 버는 것이 기독교 정신과 부합하는지에 관한 질문에) 열심히 벌려고 해서 애쓰고 그런 거는 부합하지 않는 것 같아요. 근데 돈이라는 게 일단 그 사람의 기본적인 의식주를 해결하기 위해서 어느 정도 필요하다고 생각해요. 저는 개개인의 행복도 중요하다고 생각해서 그런 측면에서 조금 필요하지만, 지금의 자본주의, 신자유주의 체계에서 돈이라는 것 자체도 권력이고… 그래서 돈을 어떤 방법으로 버느냐에 되게 중요한 측면이 있다고 생각해요.

연구자: 그러면 선생님께서 직업을 선택하시는 것에서도 돈을 버는 방법이 영향을 주었나요?

D: 안 주는 것 같아요. 다만 불법적이고… 채무상환 그런 건… (어려울 것 같아요).

연구자: 그럼 기독교인으로의 정당성 기준은 법이 되는 건가요?

D: 애매한 것 같아요. 모르겠어요…. 근데 전 대부업은 안 할 것 같아요.

B: 한편으로는 다른 사람들을 돕고자 하는 마음? 당위성? 이런 것들이

만들어지려면 돈이 많아야 하는 거 아냐? 이런 생각이 들 때가 있어요. 그래도 교회 다닐 때는 기계적으로 '돈 많이 버는 것은 되게 세상적인 거야' 하고 끝났다면 이제는 '돈을 많이 버는 것이 이런 실천에 맞닿아 있는 거 아냐?' 이런 식으로 형성되는 것 같아요. 필요하다고 생각하고….

연구자: 그럼, 아까 말씀하신 기독교의 가치와 상충되는 것이 아닌가요?
B: 진짜 그걸 통감하는데, 성경에 나온 것처럼 돈이 많다고 해서 내는 것이 아니고 적다고 해서 못 내는 것이 아닌 것을 통감하는데, 그건 예수님의 시절인 거고 (웃음) 지금에서는 현실적으로 다르지 않나? 뭐가 다르다고 이야길 해야 하나? (중략) 당장의 삶에 있어서는 기독교인으로서 사는 것, 산다고 단언하기가 쉽지 않긴 해요. 근데 이게 지금과 같이 논문이나 이런 거에 쫓기지 않는다면 기독교인으로의 정체성과 실천이 있을 수 있을 것 같다는 생각을 하죠. 그래서 '로또가 되면 진보당을 돕고 싶다' 그것도 그 맥락인 것 같아요.

또 한 가지 흥미로운 점은 많은 연구 참여자가 자본주의에 대한 불편함 가운데서 주식이나 로또 혹은 불로소득에 대해 윤리적이지 못하다고 이야기하는 것이었다. 물론 주식이나 로또를 동일 선상에서 불로소득이라고 규정할 수는 없기에 연구자는 이를 따로 질문하였지만, 연구 참여자 중에는 이를 같게 보는 사람이 있었다. 이들의 논리는 자본이 많다는 것이 사회적으로 약자를 향한 실천이 없다거나 혹은 돈 자체가 물신성을 지녔기에 자본이 많은 것은 문제라는 지점에서 불로소득이나 로또 등은 자본이 많아지는 것이기에 기독교인으로서 윤리적 문제가 된다는 것이었다. 신자유주의적 자본주의 이데올로기에서 자본주의와 신자유주의는 분리할 수 없는 개념이지만, 이들은 자본주의의 폐해를 경계하며 돈을 많이 얻는 것에 대해 경계하고, 이러한 지점에서 성실하고 정직하게 조금씩 돈을 버는 것은 긍정하고 있었다.

연구자: 아, 기독교인은 요행을 바라면 안 되는 건가요?

B: 뭔가 제가 생각하는 기독교인은… 누군가 복권에 당첨이 되면 전 너무너무 축하해 줄 거 같은데, 그거는 있는 거 같아요. 한두 번 하는 것과 주기적으로 (복권을) 사면서 당첨을 바라는 것들은 조금 약간 다르지 않나?

연구자: 어떤 게 달라요?

B: 뭔가 돈이라는 물신성에 매몰된 거 같은 느낌이에요. (돈은) 정말 필요하죠. 그리고 이게 그것들을 극복해 나가는 것들이 너무 필요한데, 이미지가 깨는 거죠. 그걸 가지고 제가 '너는 기독교인이 아니야' 그런 건 아닌데, 제가 좋아하는 어떤 목사님이 매주 토요일마다 그 복권 만 원짜리를 '됐으면' 하는 바람으로 긁는 거를 보면 되게 짠하면서도 슬플 것 같아요.

연구자: (돈을 버는 방식으로) 주식은 안 되나요?

D: 썩 기독교적이지는 못하다고 생각하는 거 같아요. 왜냐면 결국은 그게 누구의 돈을 뺏는다고 생각하는 부분에서? 단순히 투자라면 괜찮은 거 같은데 투자의 개념을 넘어서 투기로 가는 경향이 많고 투기라는 개념은 타인의 돈을 뺏는 측면 있기 때문에…. 근데 엄청 깊이 생각해 본 건 아니라서….

F: 제가 불로소득을 얻었다는 것은 결국은 누군가가 돈을 잃었다는 것으로 귀결되는 것 같아요. 로또도 주식도 다. 로또라는 것도 누군가가 산 돈으로 내가 당첨금을 받는 것이기 때문에 나의 부의 축적이 나의 정직한 노동이 아니라 누군가의 돈을 탈취하는 것으로 보여요.

물론 이 지점에서도 사람마다 의견이 갈렸는데, 이는 관점의 차이라고 볼 수 있다. 로또나 불로소득에 대해 '많은 돈을 추구하는 것'으로 볼 것인지, '많은 돈이 생기는 것'으로 볼 것인지의 차이이다. A는 매주 정기적으로 로또를 구매하고 있었으며 많은 돈이 생기는 것으로 이를 인식했다.

또한 자기 자신을 사회적 약자층에 위치시키면서 많이 번다면 기독교적 가치대로 사용할 것이라고 생각하였다. 이러한 관점의 차이를 조금 더 알아보기 위해 연구자는 로또에 당첨되었을 경우 어떻게 쓰고 싶은지를 물은 후, 열심히 돈을 벌어서 어느 정도 돈을 모았을 때 어떻게 쓰고 싶은지를 물었다. 즉, 두 질문은 많은 돈이 생겼을 때로 로또를 인식하였을 때, 어떤 다른 점이 나오는지 알아보기 위한 질문이었다. 여기에 많은 연구 참여자가 로또와 일했을 때의 돈을 다르게 사용하고자 하였다. 많은 돈이 생기면 기독교적 실천을 하지만, 그 돈이 그리 많지 않다면 자신을 위해 사용하겠다는 것이었다.

A: (로또나 복권 당첨은) 축복이라고 생각해요. 되면 어려운 사람도 돕고, 좋은 데 쓰고. 친척 중에 어려운 사람이 있어서 그런 사람들한 테 돈을 쓰면 좋으니까… 물론 그게 다는 아니지만….

연구자: 만약에 로또에 당첨된다면 어디에 쓰실 건가요?

B: 일단 십일조를 진보당에 쓰기로 해서 십일조를 떼야 할 것 같고. 나머지 9중의 1은 연구자들을 키워야 할 것 같은데… 뭔가 10분의 2 정도는 그렇게 사회적으로 쓰고 싶어요.

연구자: 그럼, 열심히 벌어서 500만 원을 벌었다고 한다면 어떻게 쓰실 거예요?

B: 500만 원이 아니라 만약에 그것도 10억 원이었으면 똑같았을 것 같아요. 그런데 500만 원이면 너무 층위가 다르죠. 뭔가 너무 현실적인 금액인 데다가 현실에서 실천하기에는 너무 그 제약이 생기는 돈이랄까? 그러니까 스스로가 넉넉하지 못하더라고 여기는 지점이지 않을까? 아까 (교회에서) 헌금을 내지 않은 친구를 보고 "되게 좀 그렇다"라고 얘기를 했었는데, '(그 친구는) 돈을 벌면서 왜 내지 않을까?' '근데 그게 결국 그 사람의 마음에서 돈에 대한 마음의

크기가 다르니까 그런 거 아닐까?' 생각이 들어서 2, 3백만 원 버는 사람한테서 뭔가를 바란다는 것 자체가 되게 좀 미안하더라고요. 내 입장에서 돈을 안 버는 사람 입장에서는 많이 버는 것이겠지만, 그걸 갖고 무언가에 참여할 수 있는 포션이 생긴다라고 말하기에는 좀 그렇지 않나? 물론 그렇게 치면 20만 원 벌든 30만 원 벌든 그거에서 어느 정도 떼는 사람들이 있으니까 그 사람들이 정말 대단하다고 말할 수 있겠지만… 대단하다고 말할 수만 있을 것 같아요.

결과적으로 불로소득에 대해 '많은 돈을 추구하는 것'으로 인식하는 사람들이든 '많은 돈이 생기는 것'으로 인식하는 사람들이든 신자유주의적 제약으로 묶이는 것은 마찬가지였다. 많은 돈을 추구하는 것으로 불로소득을 인식하는 사람은 타인의 돈을 빼앗고자 하는 욕망을 버리고 정직하고 성실하게 돈을 벌어야 한다고 이야기하였고, 이러한 점은 신자유주의적 성실성으로 귀결된다. 또한 '많은 돈이 생기는 것'으로 인식할 때는 이를 기독교적 가치를 실현시킬 수단으로 인식했으나, 이 역시 현실적인 차원으로 내려앉을 때는 성실하게 내가 일해서 번 돈은 나를 위해서 사용되어야 한다는 결론이 만들어졌다. 물론 부분적으로는 개인의 실천 차원에서 사회적 단체에 기부하고 약자를 도우려는 시도도 있었지만, 이들의 실천을 신자유주의적 이데올로기에 저항하는 실천이라고 일반화하기는 어려웠다.

2) 사회적 젠더 감수성과 가정 내 가부장주의

'가나안 성도'의 남성중심주의 간파는 구체적인 실천들로 이어졌다. 특히 개신교 교회에서 만들어 내는 동성애 담론에 적극적으로 저항하며 반대 담론을 생성하고 있었고, 사회적 차원에서 성평등을 만들고자 하는 의지가 개인의 미시적 실천을 만들어 내기도 했다. 그러나 한편으로는 구체적인 가정 상황 안에서는 여전히 가부장주의의 제약에 놓인 지점도 발견할 수 있었다. 이러한 분리는 비단 연구 참여자들의 행위에만 국한되지 않고 인식의 차원에서도 일어났는데, 거시적 차원에서의 사회 인식과 가정 내 사회 인식이 달랐던 것이다. 연구자는 이러한 점을 더 구체적으로 포착하고자 남성중심주의를 사회적 차원, 교회 내 차원, 가정 내 차원, 동성애 차원으로 나누어서 질문을 구성하였고, 각각의 인식과 실천 양상을 보고자 하였다.

먼저 사회적 차원에서의 실천을 보자면, 연구 참여자의 젠더와 관계없이 '가나안 성도'들은 '유리천장'이나 '기울어진 운동장'에 대해 인식하고 있었고 이에 대한 실천을 고민하였다. 유리천장은 여성이나 사회적 약자의 조직에서 이들이 더 높은 사회적 위치를 차지하지 못하게 만드는 장벽을 의미한다(이주희, 2017). 그리고 기울어진 운동장은 공정한 경쟁이 불가능하게 만드는 사회적 상황을 비유적으로 일컫는 말이다. 특히 한국 사회에서는 이러한 사회 부정의에 대해 이견이 많고 여론이 뜨거운데, 연구 참여자들은 이러한 사회의 부당함을 인지하면서 이에 대한 실천으로 거시적 차원에서의 투표부터 미시적 차원에서의 언어 사용까지 다양한 실천을 만들어 내고 있었다.

I: (유리천장이) 너무 있다고 생각하고, 너무 두껍다고 생각해요. 성경이 이거를 더 두껍게 하고 있다는 생각이 들어요. 좋게 좋게 봐서 "성경은 여성도 사람으로 보긴 했었구나!" 정도로만 볼 수 있는 것 같고, 성경은 남성을 중심으로 쓰여진 것 같고… 뭔가 대한민국의 경제 성장에 기독교도 같이 성장했기 때문에 이들이 너무 견고하게 유리천장을 두껍게 한 게 아닐까 하는 생각이 들면서… (중략) 그래서 (여성 정치인) 선거 캠프 운동을 도와줬었거든요.

K: 일단 회사가 전부 다 남자라서 회사 내에서도 뭘 하고 싶은데, 할 수 있는 게 많지 않아요. 굳이 제가 하고 있는 걸 표현하자면, 같이 뮤지컬을 하는 사람 중에서도 그 사람이 어리든, 여성이든, 남성이든 차별 없이 대하고 언어를 조심하려는 것. 그리고 누구든 발언을 할 수 있도록 분위기를 조심하려는 것 정도를 하고 있는 것 같아요.

L: (유리천장이) 있죠. 있고, 그래서 할 수 있는 한 말을 조심하려고 해요. 이미 기울어져 있으니까 내가 말하는 게 누군가에게는 평가가 될 수 있고, 권력이 될 수 있고 그렇잖아요. 어릴 적에는 남중, 남고 나와서 몰랐는데, 지금은 그런 게 잘못되었다고 생각하고 할 수 있는 게 뭔지 고민하고 노력하려고 해요.

물론 K나 L의 실천이 정확하게 페미니즘적 실천이라고 볼 수 있는가, 페미니즘의 관점에서 이 실천이 충분한가라는 질문을 한다면, 그렇지 못하다. 그러나 중요한 것은 이들의 의식이 '가나안 성도'의 시민 윤리로 인해 변했고, 정체성이 변했을 뿐 아니라 최소한 실천을 지향하고 있다는 점에서 의의가 있다. 이러한 사회적 차원의 젠더 불평등에 대한 인식은 개인적 차원에까지 영향을 미쳤는데, 가장 가시적으로 확인할 수 있는 부분은 연애관이었다. 연구 참여자들은 연애할 때 상대방을 대하거나 관계를 인식하는 것에서도 기독교인으로의 정체성이 영향을 주었다고 답하였다. 가령 C는 이전까지 자신이 교회에서 말하는 상에 자신을 맞추려고 했다면, 지금은 자신을 있는 그대로 사랑할 수 있는 사람과 연애하고 싶다면서 그렇기에 더더욱 상대방을 위해서 무엇을 할 수 있을지 고민하게 되었다고 답하였다.

동성애에 관한 지점에서도 앞서 나왔던 B의 성소수자 연합 묵주 사례라던가 E가 친구들에게 동성애가 죄가 아니라는 지점에 대해서 이야기하려 한다거나 D가 퀴어 퍼레이드의 성공적 개최를 위한 기도회를 기획하는 등의 구체적 실천이 존재했다. 또한 이성애에 정상성을 부여하는 지점에 대해서도 반발하며 인식적 차원과 행위적 차원 모두 조심하려는 경향도 있었는데, 대표적으로 C는 동성애자인 교회 친구와 이야기하면서 이후 자신의 언행이 달라졌다고 이야기했다. C 외에도 대다수 연구 참여자가 동성애에 관한 표현을 조심하는 모습을 보였다.

C: 저한테는 남자친구, 여자친구 이런 호칭이 당연했거든요. 근데 그 친구랑 이야기하고 나니까 그 이후에는 그런 말을 못 하겠는 거예요. 지금까지 "남자친구가 해 줬어?", "남자친구 잘 지내?" 막 그랬었는데… 그게 이 사람한테는 불편했을 수 있겠구나. 아니, 그리고 불편한 걸 넘어서 그게 왜 지금까지 나한테 당연한 거로 인식됐지? … 그걸 잘못이라고 생각하니까 말을 함부로…(못 하겠는 거예요). 내가 말하는 상대방이 이성애자인지 동성애자인지 알 수가 없으니까.

그러나 가정으로 돌아가면 이야기가 복잡해진다. 연구 참여자의 대다수는 모태신앙이었고, 부모님의 종교적 색채와 자신의 종교적 사유는 다르다고 하였다. 그러나 교회 내에서 자신이 불편을 겪었던 젠더 불평등을 가정에서도 목도하였지만, 이에 대해서 크게 문제라고 인식하거나 그 때문에 교회를 떠났다고 이야기하지 않는 것이다. 물론 연구 참여자 중에는 지금의 가족 때문에 교회를 떠나게 되었다고 말했던 참여자도 있었다. 그러나 많은 수는 자신의 가정에서 자신이 불편했던 개신교의 특성이 드러났을 때, 그것은 부모님의 신앙이라고 생각하며 기존 질서를 깨트리기보다 측은해하는 등 자신과 거리를 두는 경향을 볼 수 있었다. B는 자신이 생각하는 이상적인 가정의 모습과 정상 가족인 지금 가정의 모습이 어떻게 다른지에 관한 질문에서 정상 가족이 안 좋은 것은 아니지만 자신이 부모의 자리에 있다면 행복하지 않을 것이라는 이야기를 한다. 어떠한 변화가 있어야 하고, 그에 따른 실천을 하기보단 부모 세대의 한계나 가족 형태의 한계로 인식하는 것이다. D는 자신과 생각이 다른 부모의 신앙 형태를 직면할 때, 그것은 부모 세대의 한계라고 선을 긋는다. 또한 F의 경우 가정 내 불평등한 구조가 존재했지만, 이를 자신의 가치관으로 포용하려 시도하고 있었다.

연구자: 정상 가족은 안 좋은 것인가요?
B: 안 좋은 건 아닌데, 제가 그렇게 하면서 행복할 자신이 없어요.

연구자: 이유는 뭘까요?
B: 그건 어머니, 아버지를 보고 자라서 그런 게 아닐까요? 너무 헌신적으로 절 기르고 키워 주셨지만, 그다음에 '어머니와 아버지가 얼마나 행복해?'라고 봤을 때 저는 '딱히 저만큼 행복한 거 같지가 않다'고 생각할 때가 있어요. 그래서 슬퍼요. 그런 의미에서 저는 뭔가 더 잘해드려야겠다고 생각한 적이 있어요. 뭔가 애잔해요. 우리 윗세대가 다 그렇지 않을까요? 근데 제가 누군가랑 결혼해서 아이를 낳고 하면 결국 부모님이나 큰 틀에서는 생의 주기를 따라갈 것 같은 거죠. 내가 나름대로 행복하자고 결혼하는 행위들, 애를 낳고 하는 것들이 어머니 아버지랑 똑같은 삶인데, 그렇게 살면 똑같이 행복하지 못할 것 같은 거예요. 그게 아니라 주변 환경이나 그런 게 갖춰지면 좀 다를 수 있지 않을까 하는 거죠.

연구자: 교회 안 나간 걸 눈치채고 뭐라고 하신 적은 없어요?

D: 슬퍼하십니다. (웃음) 자식을 키우면서 제일 중요하게 생각했던 신앙이었는데 그 신앙을 지켜주지 못한 미안함? 그 부모님이 생각하는 신앙인의 모습으로 나를 키워내지 못하는 것에 대한 슬퍼함 혹은 좌절감? 이런 것들을 표현하죠. 그래도 "네가 신앙 안에서 계속 있었으면 좋겠고, 지금은 방황하고 있지만 돌아올 것이다" 이렇게 말할 때가 있어요. 그건 가소롭다기보다는 우리 부모 세대에 신앙인으로서 당연히 할 수 있고 오히려 슬프다에 가까운 것 같아요. 나는 우리 부모님의 신앙은 되게 순수하다고 해야 될까? 그런 열정은 인정하는 편인 것 같아요.

이와 같은 제약은 연구 참여자에게 이후에 어떤 가정을 만들고 싶은지 물었을 때, 더욱 가시적으로 드러났다. 사회적으로는 남성 중심주의와 그 이면에 존재하는 권위주의 등 모든 권력관계를 배척하는 것이 맞다고 생각하고, 존재를 존재로 대해야 한다고 이야기하지만, 자신이 가정 내 권력자의 자리에 선다면 태도가 달라지는 것이다. 물론 이러한 점을 단순히 겉과 속이 다르다거나 말과 행동이 다르다고 비판할 수는 없다. 인터뷰 내용을 보면 이들의 사유가 사회와 가정에 다른 기준을 적용한다기보다는 그 사회적 제약을 더 직접적으로 체감하고 있다는 것을 알 수 있다. 여기서 작동하는 사회적 제약은 다시금 신자유주의적 이데올로기나 남성중심주의와 공모하며 만들어진다. 구체적으로 나와 내 자녀가 겪을 사회적 압력에 대해서는 무작정 어떠해야 한다는 당위만으로 이야기하기 어렵다는 것이다.

G: 이건 좀 모순적인 것일 수 있는데, 이상적으로 생각하는 건 있어요. 모두가 각자의 종교관과 생각을 가지고도 하하 호호 지내는, 그런 삶을 이상적이라고 생각해요. 그런데 한편으로는 가족끼리 사실 그렇게 살면은 문제가 생기는 것을 봤었으니까. 가족끼리는 같은 범주 안에서 비슷하게 삶을 살면 편하긴 하겠다라는 생각도 한편으로는 하는 거죠. 제 자식이 전광훈 교회를 간다고 상상하면 충돌이 되는 거죠. 다양성을 인정해 주고 사람마다 믿고 싶은 게 있고 그렇게 생각하는데, 은연중에 내가 생각하는 좀 더 좋은 범주와 아닌 범주가 있고, 그거를 나누고 있다는 생각이 들어요.

A: 근데 제가 이번에 생각이 바뀐 게 어느 정도 있는 게, 같이 일하던 사람 중에 어떤 부장이 있었거든요. 회식 때 그런 이야길 하더라고요. "자율적인 건 좋은데, 세상의 큰 흐름을 벗어나면 안 된다."

연구자: 동성애가 세상의 큰 흐름을 벗어나는 건가요?

A: 메인스트림은 아니잖아요. (웃음) 그런 메인스트림에서 벗어나면 피곤한 것들이 분명 존재하기 때문에, 그런 지점에 대해서는 뭔가 보수적으로 생각이 바뀐 것 같아요.

연구자: 그럼 동성애가 죄라고 생각하세요?

A: 죄라고는 생각 안 해요. 그냥 제 아이가 겪는 불편함을 생각했을

때, 동성애 아니더라도 우리나라… 중심에서 벗어났을 때, 차별이나 그런 게 많으니까. 그런 게 없는 서양이라면 생각이 바뀔 수도 있을 것 같은데….

가정 내 차원에서는 가족 구성의 방식을 특정하는 것 외에도 딱히 생각이 없다거나 구체적으로 뭘 해야 할지 모르겠다는 의견도 많이 나왔다. 이러한 대답 역시 지금 사회에서 자녀를 낳는 것이 가능할지와 같은 신자유주의 이데올로기의 제약이었다. 이처럼 남성중심주의에 대한 '가나안 성도'들의 실천은 여러 층위로 구분되었다. 사회적 차원, 교회 내 차원, 동성애 차원에서의 남성중심주의는 연구 참여자들에게 직접적인 비판의 대상이었고, 구체적인 실천이 필요한 영역이었다. 이데올로기 간파가 저항적 실천으로 이어진 것이다. 그러나 가정의 차원에서는 제약이 들어가며 이를 실천의 대상으로 인식하지 못하게 만들었다.

3) 진보적인 정치적 이상과 추상화된 사회적 약자

'가나안 성도'의 시민 윤리는 정치적 지향을 뚜렷하게 만든다. 이들은 자신의 윤리관에 따라 성서가 소외된 자, 고통 가운데 있는 자를 위해 만들어졌다고 해석하기 때문이다. 따라서 미시적인 삶의 영역에서부터 거시적인 제도 정치의 영역까지 '가나안 성도'들은 다른 이데올로기에 비해 뚜렷한 저항적 이상을 그리고 있었다. 정치적 보수주의와 달리 사회적 약자를 중심으로 윤리를 재편하는 것이다. 그러나 그들의 실천 양상을 살펴보았을 때, 이 역시 한편으로는 제약에 묶이고 사회적 약자를 추상적으로 인식하고 있음을 발견할 수 있었다. 물론 이 지점에 대해서 '가나안 성도'들의 정치적 실천에 저항적 의미가 없다고 단언할 수는 없다. 그들은 문화적 제약 안에서도 자기 정체성을 확보하고 실천을 지향하며 살아간다. 이에 이 절에서는 구체적으로 '가나안 성도'들이 어떤 식으로 정치적 실천을 하며, 어떤 제약에 묶이는지 보고자 한다.

가장 뚜렷하게 저항적 실천이 보이는 지점은 정치적 보수주의에 대항하여 이들이 투표하고 관심을 갖는 제도 정치의 영역이다. 물론 개인마다 그 정도가 달라서 정당 활동을 하는 사람부터 선거철에만 관심을 갖는 사람까지 다양하게 분포했다. 그러나 최소한 교회에서 이야기하는 신앙이나 선악 구분으로 누군가에게 투표하면 안 된다고 생각했으며, '가나안 성도' 전체를 일반화할 수는 없겠지만 연구 참여자들은 모두 보다 사회적 약자를 위한다는 진보적 정당에 투표하고 있었다. 다음은 기독교인으로의 가치관이 정당 선택이나 투표에서 영향을 주는지에 관한 질문의 대답이다. 이들의 대답에서 사회적 약자나 서민 등의 단어가 드러남을 알 수 있다.

B: 미쳤던 것 같아요. 정의, 뭐가 정의고 뭐가 공의인가 얘기를 했을 때, 국정농단 같은 걸 봤을 때, 절차상의 어떤 잘못된 것들 혹은

부당하게 권력 집단이 존재했다는 것들 혹은 촛불 시위하는 가운데서도 사람들이 되게 다양한 결들의 운동들을 같이 했었잖아요. 성소수자도 있었고, 노동자들 투쟁도 있었고, 종교 집단도 있었고, 여러 가지 다양한 어떤 결들의 투쟁들이 공론장에서 모여서 막 얘기하고, 그러면서도 하나의 방향성을 이야기하고… 그런 차원에서 운동하게 된 것도 다 종교의 영향이 어느 정도 있지 않나? 저한테는 사드 배치가 제일 컸던 것 같아요. 군대에 나온 지 얼마 안 됐을 때고, 미군이랑 관련되어 있었고, 밀양 송전탑 얘기했을 때 너무 멀리 있었지만 그게 되게 가깝게 느껴졌었거든요. 필요한 건 저도 알겠는데, '성주에서 고통받는 그 사람들은 어떡하지?' 그 생각을 많이 했던 것 같아요. 그 어떤 전체적인 메커니즘을 두고 한국과 미국의 관계를 보는 것이 아니라 '그 안에 살고 있는 사람들은 그러면 어떻게 하겠다는 거지?' 이 생각을 했던 지점들도 아마 성경이나 기독교에서 말하는 예수님과 예수님의 사랑과 낮은 자들을 위한 그런 것들이랑 맥락이 닿아 있지 않나.

F: 있어요. 제가 기독교를 바라볼 때 '소외받고 고통받는 사람들을 위함이다'라고 보기 때문에, 정책을 봤을 때 정책들이 그들을 위해서 실현 가능한 문제들에 대해서 보게 되고, 좀 더 가능성이 있는 부분에 투표해야겠다는 구체적인 행동으로 이어지는 것 같아요.

A: 서민한테 좀 더 신경을 쓰는 그런 사람한테 관심이 가요. 나한테 이득이 되지 않더라도 사회적 약자에게 이득이 가야…. 어쨌든 예수 가르침이 와 닿았던 게 약자나 그런 사람을 돕는 게 크게 와 닿은

부분이 있었으니까.

이처럼 제도 정치적 실천에 있어서 뚜렷한 지향을 보인 '가나
안 성도'들에게 정치적 입장에 관련된 질문을 하면 진보적이라고
할 수 있는 대답들이 돌아왔다. 가난의 책임은 사회에 있는지, 개
인에게 있는지 질문하면 모두가 사회적 차원에 주된 원인이 있다
고 답하였고, 비율도 최소 '7대 3', 대부분은 '8대 2'나 '9대 1'이라
는 대답이 나왔다. 그러나 보다 구체적인 질문으로 개인적 차원에
서 사회적 약자를 위해서 무엇을 하고 있는지를 물을 때, 이에 대
한 대답은 그리 구체적이지 않았다. 가령 길에서 구걸하는 사람을
보면 어떤 생각과 반응을 하는지, 난민에게 경제적 지원이 얼마나
있어야 하는지, 가난의 책임에 있어서 자신은 지금 어떤 실천을
하고 있는지 질문하였을 때, 넓은 의미에서 사회적 실천이 중요하
지만 정작 자신의 삶에서 구체적 실천을 만들지 못하고 있다고 대
답한 것이다. 특히나 연구 참여자 주변에 사회적 약자가 누가 있
는지 질문하였을 때, 대답하지 못하거나 없다고 말하는 경우들도
존재했다.

H: 사회적 약자는… 뭔가 원할 때 원하는 걸 못 하는 사람이지 않을까요?
　그게 어떠한 장애물이 되었든? 돈이 되었든? 몸이 안 좋아서일 수도
　있고, 복지의 사각지대에 있어서 일 수도 있고.
연구자: 그럼 그런 사람이 주변에 누가 있으세요?

H: 제 기준에서요? 글쎄요. 없는 것 같긴 하네요. 근데 그건 어떻게 정의하는지에 대한 문제인 것 같아요.

J: 어렴풋하게는 알겠는데… 잘 모르겠네요. 같은 일을 하는데, 자기 의지나 이런 것 때문이 아니고 외부적이든 내부적 요인이든 같은 일을 하는 데 더 많은 자원이 들고 더 많은 노력이나 이해를 필요로 하는 사람들?

연구자: 삶의 주변에 그런 사람이 있어요?

J: 알기 어려운 것 같아요… (고민하다가) 모르겠네요.

연구자: 가난의 책임을 느끼시나요? 개인적으로는 사회적 문제에 대해서 어떤 활동을 하고 계세요?

B: 아무것도 안 하고 있어요. 2년 전까지는 기아대책 이런 거에 만원씩 후원하고 그랬는데… 그리고 저한테 있어서 사회적 가난… 왜냐면 저는 스스로 정체화할 때 제가 지금 누군가를 돕는 위치에 설 수 있는 사람이라고 정체화를 안 하는 거 같아요. 그런 의미에서 아까 말한 기독교인의 범주에서 벗어날 수도 있다고 생각하고. 그런데 그게 돈을 벌면 달라질까? 기대도 하고…. 제 주변에 멋있는 사람이 하나 있어요. 기독교인도 아닌데 돈을 벌면서 퀴어 문제라던가 장애인이나 소수자 문제, 페미니즘의 문제 혹은 불평등의 문제, 이런 거에 대해 관심을 가지면서 정기적인 후원을 하는 사람이…. 근데 한편 어느 정도의 그게(경제적 여유가) 있으니까 가능한 거죠.

사실 아무나 다 될 수 있다고 생각하지 않는다는 지점에서 결국은 전 더 사회의 문제라고 생각해요. 그 사람이 똑똑했어도 그 사람을 뒷받침해 주는 부모가 없거나 좋은 학교를 나오지 않았거나 했으면 말짱 도루묵이었겠죠.

H나 J는 정치적 차원에서 사회적 약자에 대한 지원이 필요하다고 생각하며 개인적 실천도 중요하다고 이야기하였다. 그러나 연구의 마지막 질문으로 물었던 사회적 약자가 주변에 누가 있는지에 관한 질문에 대해서는 떠오르지 않는다고 답하였다. 이러한 점은 사회적 약자라는 개념이 추상적으로 이해되고 있다는 것을 보여준다. 그리고 B의 이야기는 사회적 약자를 향한 정치적 실천이 신자유주의 이데올로기에 의해 제약받고 있음을 드러낸다. 사회적 약자를 도울 수 있는 자격이나 위치는 결국 돈에 의해서 결정된다는 것이다. 이러한 생각은 비단 B뿐 아니라 많은 사람이 하고 있었는데, 길에서 구걸하는 사람을 향해 지금은 바쁘고 삶이 빡빡해서 도와야겠다는 생각을 하지 못한다는 대답이 많았다. 이 역시 내가 남을 도와줄 자격이 생기면 도와야겠다는 윤리의 추상화라고 이야기할 수 있다. 정치적 영역에서의 '청년 가나안 성도'가 만들어 내는 종교 문화적 실천이 이데올로기적 제약에 묶이는 것이다.

4) 공공성을 가리키는 '청년 가나안 성도' 현상

지금까지 개신교와 지배 이데올로기의 접합을 간파한 '청년 가나안 성도'의 실천이 어떤 저항적 실천을 만들어 내는지 혹은 이데올로기의 제약에 묶이지는 않는지를 살펴보았다. 그리고 이와 같은 방식으로만 결론을 짓는다면, 윌리스가 이야기했던 이데올로기의 종속으로 귀결되어 버린다. 하지만 이 글은 윌리스의 간파, 제약 개념의 한계를 명시하며, 이를 '청년 가나안 성도'의 문화 정체성과 종교 문화적 실천을 분석하는 도구적 틀로만 활용하고자 함을 기술한 바 있다. 홀의 주장처럼 이데올로기는 투쟁의 영역이고, 개인은 그 안에서 다양한 의미작용을 하기 때문이다. '청년 가나안 성도' 역시 이데올로기적 제약에 묶인 형태로 종교 문화적 실천을 만들어 내는 것에서 그치지 않고 이를 끊임없이 성찰하며 고민하는 과정에 있다. 따라서 간파와 제약 개념을 기계적으로 적용하기보다는 그들의 유동적인 실천의 변화와 고민의 흐름을 주목할 필요가 있다.

대표적으로 정치적 영역에서 앞 절의 내용으로만 결론을 짓는다면, '청년 가나안 성도'가 거시적으로만 정치적 실천을 하고 개인적인 차원에서는 타자에 대한 추상화가 일어난다고 이야기할 수도 있다. 그러나 앞 절에서 보이고자 한 부분은 '청년 가나안 성도'들의 다양한 실천 중 제약에 묶이는 실천이 있음을 드러내고자 함이었지 '청년 가나안 성도'가 개인적 차원으로는 저항적 실천을 하지 못한다고 결론짓고자 함이 아니다. 개인적 차원의 실천만이 유의미한 저항적 실천도 아닐뿐더러 그들의 실천이 모두 제약에 묶이는 것이 아니기 때문이다. 실제로 간파와 제약 도식을 넘어 '청년 가나안 성도'들의 실천을 본다면, 그들이 계속해서 성찰하고 씨름하며 자신의 시민 윤리적 지향을 달성하려는 모습을 포착할 수 있다. '청년 가나안 성도'들은 직장 생활이나 여가 생활 등 각자의 삶 전반에서 자신이 지향하는 시민 윤리적 실천을 행하고 있었는데, 이는 의식적으로 행하는 특별한 사건이 아니라 무의식적이고 일상적이며 평범한 행동들이었다.

F: 제 행동반경에 영향을 미쳐요. 예를 들면 제가 생각하는 기독교인에 대한 정신과 삶에 대한 태도들을 천명하고 살고 있기 때문에 저 역시도 본능적으로는 그런 삶을 살지 못하도록 되어 있다고 생각하고, 언제나 매 순간순간 나의 본능을 거스르는 말과 행동들을 해야하는데, 내가 기독교인이라고 (스스로) 이야기하기 때문에 더더욱 더 제 본능을 거스를 수 있는 힘과 용기가 생기는 거 같아요.

연구자: 구체적으로는 어떤 일을 하세요?

F: 직장에서 같이 밥을 먹는데 사람들이 분리수거를 안 할 때, 제가 분리수거하는 것뿐만 아니라 음식물들을 다 씻어서 버린다든지, 모두가 다 일을 하고 있는데 우리 직장에 도움이 필요한 사람 왔을 때 제가 먼저 나가서 접대하고 있어요. 제가 있는 곳은 중독 문제를 다루는 상담소인데 제 발로 찾아왔다는 것은 매우 심각한 수준의

문제를 가지고 있고, 간절한 그 마음을 제가 이해해서 도움을 꼭 줘야 한다고 생각하는 거죠. 모두가 다 바쁘지만 제가 기독교인이라서 계속 그렇게 하는 거 같아요.

D: 일단 저는 보통 제가 기독교인이라고 밝히지 않는 편이고, 그럼에도 불구하고 어떤 관행적으로 해 왔던 부조리라든지 불평등한 것들을 봤을 때 못 참겠고, 내가 바꿀 수 있는 한에서 바꾸려고 하는 거 같아요, 최대한. 내가 기독교인이라고 말하기는 부끄러울 때도 있지만 그럼에도 불구하고 내가 그런 정체성을 가지고 그런 감수성, 기독교인으로서 가져야 하는 예민한 감수성이라든지 예수의 삶을 떠올렸을 때 그런 불평등이나 부조리에 대해 조금은 내가 할 수 있는 한에서는 맞서 싸우고 바꾸려고 하는 편입니다.

연구자: 뭔가 특별한 행동을 한 적도 있을까요?

D: 저는 그런 것들이, 엄청 거창하고 특별하다는 말이 오히려 붙으면 안 되는 거라고 생각해요. 오히려 내가 발붙이고 있는 삶에서 물론 이게 미시적 측면과 거시적 측면이 있다고 생각하는데, 거시적으로 내가 지향하고 이 사회의 구조적이고 제도적인 측면에서 바꿔야 하는 것들에 대해 고민하고, 그것들을 위해 조금 더 많이 노력하는 활동을 더 할 수도 있고 그런 것도 필요하지만… 그것보다 조금 더 우리나라의 한국기독교에 조금 더 강조되어야 하는 지점을 미시적으로 내가 발붙여 있는, 생활하는 곳에서 조금은 더 낫게… 이게 뭔가 그 지향점에 다다르는 것보다는 지금 있는 것보다 조금 더

낫게 이곳이 바뀔 수 있도록 노력하는 것이 더 중요하고, 그게 오히려 특별하게 다가올 수 있다고 생각해요.

　비단 D나 F 외에도 '청년 가나안 성도'들은 세 가지 이데올로기 차원 모두에서 자신의 행위가 기독교인으로서 부합한 행동인지를 고민하고 있었다. 또한 B나 K 등 여러 연구 참여자가 인터뷰를 마치고 자신의 삶을 되돌아보며 지금까지 놓치고 있던 부분들에 대한 성찰을 보여주었다. C는 연구 참여 이후에 전화로 인터뷰 이후 달라진 생각들과 자신이 새롭게 정기 후원을 하게 되었다는 이야기를 전해주었다. 이전에는 보지 못했던 자신의 가정 내 문제와 빈곤의 문제를 직시하게 되었다는 내용이었다. 이처럼 '청년 가나안 성도'들의 실천은 간파나 제약으로 이야기할 수 있는 고정된 형태로 묶이는 것이 아니다. 그들은 전체 시민사회의 공공성을 목표로 자율적이고 능동적으로 살아가고자 애쓰고 있었고, 이데올로기적 차원에서 저항적 실천을 만들고 더 나은 사회를 형성하려는 과정 중에 있었다.

　이와 같은 '청년 가나안 성도' 현상은 한국 사회의 종교와 종교성이 어떻게 변하고 있는지를 드러낸다. 과거의 종교, 특히 개신교가 동질적 정체성을 중심으로 개인에게 소속감과 안녕감을 제시했다면, 오늘날의 종교와 종교성에서는 종교의 외부와 내부를 나누는 동질적 정체성과 본질적 종교성보다 전체 시민사회의 공공성을 지향하는 윤리적 가르침이 중요해진 것이다. 이러한 지점은 본질적 종교성 개념을 통해 '가나안 성도'를 바라보던 기존의 관점으로는 발견하기 어려운 부분이다. '청년 가나안 성도'의 종교성은 보다 사회적이고 참여적인 성격으로 구성되고 실현된다. 그리고 이들은 이러한 종교적 목표를 가진 사회적 의례를 추구하기에 종교의 성격에도 변화를 요구한다. 성석환(2019)이 이야기하는 것처럼 기존 개신교의 방법으로는 대응하기 어려웠던 시민사회의 다원주의적 질문에 대한 종교적 해답을 요청하는 것이다.

오늘날 탈종교 담론이 이야기하는 종교의 위기는 인간의 종교성이 아니라 제도 종교의 수적 감소에 관한 이야기이다. 그러나 이것이 비단 제도 종교의 세력에만 국한된 이야기이기에 사회적으로는 아무런 중요성이 없는가 하면, 그렇지 않다. 제도 종교가 없어진다고 하여도 인간은 종교적인 것으로의 실천을 하는 존재다. 아이돌 팬덤이나 정치인 지지집단과 같이 특정 가치를 중심으로 문화적 실제를 만들어 낸다. 따라서 탈종교 담론은 종교의 외부와 내부를 나누던 제도 종교의 사회적 변화를 요청하고 또 한편으로는 그 경계에 따라 지금까지 조망 받지 못했던 종교적인 형태의 문화를 살필 필요성을 만든다. '청년 가나안 성도' 현상은 종교의 경계에서 지금까지 보지 못했던 인간의 가치와 가치 실현 양상에 주목하게 만들었다. 이처럼 사회 현상에 있어서도 이데올로기와 가치관이 뒤섞이며 만들어 내는 종교적 현상에 관한 연구가 필요하다.

글 을 맺 으 며

지금까지 '청년 가나안 성도'들의 종교 정체성과 종교문화적 실천이 어떤 식으로 만들어지는가를 살펴보았다. 1980·1990년대 개신교 대부흥 시기에 신앙생활을 시작한 세대의 자녀 층인 청년 가나안 성도들은 본질주의적 종교 정체성을 거부하고, 동질적이지 않은 형태로 종교성을 구성하고 있었다. 그러나 각기 다른 정체성과 행위 안에서도 공통점을 찾을 수 있었는데, 그것은 윤리성이라는 중심축을 가지고 종교 정체성이 구성된다는 점이었다. 즉, 청년 가나안 성도는 교회로부터의 불만으로 인한 일탈자이거나 윤리성이 없는 존재가 아니라 뚜렷한 윤리적 기준을 중심으로 개신교 교리와 기독교라는 용어를 전유하면서 자신이 추구하는 윤리성과 개신교 신앙의 모순을 해결하고자 하였다.

이 윤리적 축은 능동적이고 자율적으로 사회적 이익을 추구하려는 시민 윤리로 구성되었는데, 이러한 시민 윤리적 정체성은 제도 종교 권력과 지배 이데올로기의 접합을 간파하게 했다. 이에 '청년 가나안 성도'의 종교문화적 실천도 종교적 의례에서 사회적 의례로 옮겨가고 있음을 확인할 수 있었다.

청년 가나안 성도들의 종교 정체성은 한국교회를 떠나는 현상이 탈종교 시대의 흐름이며 문제적이라고 지적했던 시각이 잘못되었음을 보여준다. 종교성과 윤리성은 제도 종교의 내부에만 있는 것이 아니다. 특히 청년 가나안 성도들은 신자유주의 이데올로기와 남성 중심 이데올로기, 정치적 보수주의 중 특정 이데올로기적 간파를 중심으로 사고를 확장하며 정체성을 만들어 나갔다. 즉, 어떤 사건이나 계기가 존재하든 그렇지 않든, 이들이 교회를 나가게 된 계기는 개인적 불만이나 부적응의 문제가 아니라, 거시적이고 구조적인 모순 앞에서 자신의 신앙을 지키고자 함이었던 것이다. 이러한 지점은 오늘날 종교가 제공해야 할 것이 '본질적 종교성'이 아니라 '종교적인 것'으로의 가치와 실천이라는 점을 보여준다.

물론 청년 가나안 성도의 시민 윤리적 종교 정체성이 지배 이데올로기에 저항적 실천만을 낳는 것은 아니었다. 그들의 행위에 영향을 주는 것은 세 가지 지배 이데올로기적 요소 외에도 안티테제로 인한 기존 개신교와의 구별 짓기가 존재했다. 즉, 종교적이고 문화적인 취향을 통해서 기존 개신교의 실천과 전통을 인정하지 않는 모습을 보인 것이다. 또한 청년 가나안 성도의 종교문화적 실천이 이데올로기적 요소에 의해 제약이 걸리는 지점들도 존재했다. 신자유주의적 자본주의 이데올로기는 청년 가나안 성도들로 하여금 스스로 성실함과 자기 계발을 쫓도록 만들었으며, 시민 윤리적 가치 실현 역시 일종의 능력주의로 귀결되는 지점들도 있었다. 그리고 남성 중심 이데올로기에 대해서는 동성애 이슈를 비롯한 사회적 차원, 교회 내 차원에서는 저항적 실천을 낳았으나 정작 가정 내 차원에서는 가부장 이데올로기의 제약에 묶이는 사례가 있었다. 마지막으로 정치적 보수주의에 대해서는 뚜렷한 정치적 이상을 가지고 제도 정치 영역에서 종교문화적 실천을 하고 있었지만, 일면 사회적 약자가 추상화되고 이상적인 구호로만 존재하게 되는 경향도 볼 수 있었다.

그러나 청년 가나안 성도의 종교문화적 실천이 추상화되었다고만 비판할 수는 없는데, 이들의 실천은 지금도 계속해서 고민하고 형성되는 '과정'에 있기 때문이다. 실제로 청년 가나안 성도들은 미시적인 일상의 전 영역에서 의식적이고, 무의식적인 종교문화적 실천을 만들어 갔다. 따라서 이들의 종교문화적 실천은 간과와 제약 도식으로 결론지을 것이 아니라 이데올로기와의 관계 속에서 저항적 실천을 만들어 내는 과정으로 보아야 한다.

청년 가나안 성도들이 교회를 떠나 종교 정체성과 종교적 실천을 고민한다는 점은 역설적으로 교회의 역할과 필요성에 대해 고민하게 한다. 교회가 청년과 유리되고 있는 지점이 시민 윤리적 가치관과 이를 향한 실천이 부재했던 것인데, 이 역시 공교회가 함께 고민하고 방향성을 제공해야 할 필요가 있기 때문이다. 기존의 종교가 동질적 정체성을 중심으로 개인에게 소속감과 안녕감을 제시했다면, 오늘날의 종교는 시민사회의 공공성을 어떻게 제시할지에 대한 고민과 성찰이 필요하다. 그리고 이때 제시되는 윤리는 제도 종교의 교리 해석이나 절대적 진리에서 기인하는 윤리가 아니라, 다변하는 사회에서 다양한 사람이 공존할 수 있는 방향으로 나아가야 한다.

지금 이 시간에도 많은 청년들이 교회를 떠나고 있다. 그리고 그중 교회를 떠났음에도 스스로를 여전히 '기독교인'이라고 생각하는 청년들이 있다. 자신이 배웠던 예수의 사랑과 삶의 모순을 해소하려는 사람들을 방황하는 사람이나 신앙적으로 미성숙한 사람이라고 부를 수 있을까? 이들이 삶을 통해 드러냈던 요구와 목소리에 귀 기울여야 할 때다.

참고문헌

한글 문헌

강남순. "[연구논문] 종교근본주의 담론과 젠더." 「신학사상」 123권 (2003): 91-123.

강남순. 『페미니즘과 기독교』. 파주: 동녘, 2017.

강인철. 『한국의 개신교와 반공주의: 보수적 개신교의 정치적 행동주의 탐구』. 서울: 중심, 2007.

_____. 『한국 천주교회의 쇄신을 위한 사회학적 성찰』. 서울: 우리신학연구소, 2007.

강지언. "세속화 속 서구 '부디즘'과 한국 불교의 세속화." 「한국불교학회 학술발표논문집」 1호 (2020): 61-66.

고유경·허은철. "고등학교 세계사 교과서에 나타난 '성경'과 '성서'의 표기 문제에 대한 고찰." 「신학과 선교」 54권 (2018): 9-39.

권오문. 『탈이념 탈종교시대 새로운 선택: 더 나은 미래를 위한 인류공동체 비전을 말한다』. 서울: 생각하는 백성, 2018.

길희성. 『종교에서 영성으로: 탈종교 시대의 열린 종교 이야기』. 파주: 북스코프, 2018.

김남식. "전도와 21세기: 전도학의 흐름." 「활천」 740권 7호 (2015): 36-40.

김선기. "'청년세대' 구성의 문화정치학: 2010년 이후 청년세대담론에 관한 비판적 분석." 연세대학교 커뮤니케이션대학원 석사학위 논문, 2015.

김성건. "유럽중심주의와 한국의 종교사회학 — 세속화 이론을 중심으로." 『담론201』 8권 1호 (2005): 174-206.

김성철. 『어린이문화의 기독교교육학적 조명: 80년대 유·초등부 어린이를 중심으로』. 대한신학교 대학원 석사학위논문, 1988.

김영재. "한국교회 성장의 역사와 전망." 「신학지평」 7권 (1988): 141-168.

김완섭. 『그리스도인의 회복: 정체성』. 서울: 기독교신앙회복연구소, 2020.

김용민. 『한국 개신교와 정치: 개신교 정교 분리 원칙의 변용 과정』. 서울: 소명출판, 2016.

김응종. 『관용의 역사: 르네상스에서 계몽주의까지』. 서울: 푸른역사, 2014.

김종서. "해방 후 50년의 한국종교사회학의 연구사." 한국종교학회 편.『해방 후 50년 한국종교연구사』. 서울: 도서출판 창, 1997.

김종서.『종교사회학』. 서울: 서울대학교출판부, 2005.

김진호.『시민 K, 교회를 나가다』. 서울: 현암사, 2012.

김진호. "'1990년' 이후 한국 개신교의 정치세력화 비판."「진보평론」 67권 (2016): 53-77.

김진호.『대형교회와 웰빙보수주의: 새로운 우파의 탄생』. 파주: 오월의 봄, 2020.

김태연. "'신종교' 연구에 대한 비판적 성찰: '신종교' 개념 문제를 중심으로."『종교문화비평』 31권 (2017): 288-322.

김현준. "'교회 밖' 신앙모임의 종교적 기능."「현상과인식」 41권 4호 (2017): 167-189.

김희수. "동성애에 대한 윤리적 고찰: 동성애는 죄인가?"「기독교사회윤리」 13권 (2007): 121-142.

나미수.『미디어 연구를 위한 질적 방법론』. 서울: 커뮤니케이션북스, 2012.

나영. "한국 개신교 근본주의의 가부장성과 동성애 혐오."「실천문학」 (2016): 18-28.

노길명.『한국의 종교운동』. 서울: 고려대학교출판부, 2005.

노재경. "기독교인과 비기독교인을 통하여 본 한국 기독교 정체성 인식 현황 분석 및 시사점."「기독교교육정보」 24권 (2009): 307-340.

류대영. "세속화 이론과 미국 종교사."「종교와 문화」 8권(2002): 21-41.

_____.『한국 근현대사와 기독교』. 서울: 푸른역사, 2009.

_____. "한국 기독교 뉴라이트의 이념과 세계관."「종교문화비평」 15권 (2009): 43-73.

_____.『(한 권으로 읽는) 한국 기독교의 역사』. 서울: 한국기독교 역사연구소, 2018.

문영호. "'가나안 성도' 예방과 온전한(τέλειος) 신앙생활을 위한 히브리서." 침례신학대학교 박사학위논문, 2018.

민김종훈. "성소수자 혐오와 차별의 반대편에서 만나는 낯선 하느님."『혐오와 한국교회』. 서울: 삼인, 2020.

박근원·강병훈·박영회·백천기·김소영. "80년대 한국교회, 무엇을 했나?"「기독교사상」 33권 12호 (1989): 79-91.

박문수. "이단사이비를 경계하라1: 이단의 정의와 판정기준." 「활천」 750권 5호 (2016): 66-69.

박명수. 『한국교회 부흥운동 연구』. 서울: 한국기독교역사연구소, 2003.

박상언. "신자유주의와 종교의 불안한 동거 — IMF 이후 개신교 자본주의화 현상을 중심으로." 「종교문화비평」 13권 (2008): 60-92.

박상환. "근대화과정의 "합리주의" 이해에 대한 비교철학적 고찰 — 동아시아의 오리엔탈리즘적 관점 분석." 「동서철학연구」 58권 (2010): 543-559.

박성원 · 권수영. "'가나안 성도'들의 탈(脫) 교회에서의 신앙경험에 대한 연구." 「한국기독교상담학회지」 28권 4호 (2017): 69-106.

박수호. "인터넷 이용과 종교의식." 고려대학교대학원 박사학위논문, 2005.

박영수. "목회자 자녀들의 기독교정체성에 대한 현상학적 연구." 서울기독대학교대학원 박사학위논문, 2020.

박일준. "생물기호학으로 조망하는 종교적인 것(the religious)의 가능성 — 공생하는 해석자들의 공동체로서 종교적인 것." 「종교연구」 80권 2호 (2020): 245-278.

박정수. "다종교적 인간으로서의 자기 이해와 그 우상 파괴적 의의: 한국 그리스도인의 비동일적 종교 정체성에 대한 해석학적 성찰." 연세대학교대학원 석사학위논문, 2019.

박종원. "한국 가나안 성도 출현과 이해를 통한 변증학적 고찰: 교회론을 중심으로." 「복음과 선교」 34권 (2016): 51-91.

박진규. "'미디어, 종교, 그리고 문화': 미디어와 종교의 교차점 연구를 위한 새로운 접근방법." 「한국언론학보」 53권 6호 (2009): 309-329.

박찬용. "청년 신자의 탈교회화 과정연구: 한국 개신교 사례 분석." 서강대학교 대학원 석사학위논문, 2015.

배경민. "'잃은 양 찾기'냉담자 회두를 위한 몇 가지 방안." 「사목정보」 1권 11호 (2008): 22-25.

백소영. "페미니스트 성서 해석으로 제안하는 교회 '제도' 개혁." 한국교회탐구센터 편. 『페미니즘 시대의 그리스도인』. 서울: 한국기독학생회출판부(IVP), 2018.

서동진. "신자유주의 분석가로서의 푸코: 미셸 푸코의 통치성과 반정치적 정치의 회로." 「문화과학」 57권 (2009): 315-335.

성석환. "후기세속사회의 종교성과 탈종교성에 대한 공공신학적 연구." 「선교와 신학」 49권 (2019): 249-279

성종윤. "한국교회의 이단 규정 기준과 절차에 대한 연구." 베뢰아국제대학원대학교 대학원 석사학위논문, 2015.

손원영. 『교회 밖 교회: 다섯 빛깔 가나안교회』. 서울: 예술과영성, 2019.

신계훈. 『오직 성경만이 판단 기준이다. 정통과 이단 심포지움』. 서울: 여운사, 1995.

심경미. 『싱글 라이프: 함께 상큼해지는 교회 싱글 이야기』. 서울: 아르카, 2019.

안창덕. "가나안 성도의 대안 종교성 분석: 공공성과 액체성 사이의 리미널 교회 사례 연구." 서강대학교대학원 박사학위논문, 2018.

양신혜. "일반: 칼빈의 프로테스탄트로서의 종교적 정체성 — 시편 주석의 서문의 '수비타 콘베르시오.'(subita conversio)를 중심으로." 「한국개혁신학」 31권 (2011): 251-278.

양희송. 『다시, 프로테스탄트: 한국교회 우리는 지금 어디에 서 있는가』. 서울: 포이에마, 2012.

_____. 『가나안 성도 교회 밖 신앙』. 서울: 복 있는 사람, 2014.

_____. "가나안 성도가 증가했다?." 「활천」 763권 6호 (2017): 40-43.

_____. 『세속성자: 성문 밖으로 나아간 그리스도인들』. 고양: 북인더캡, 2018.

오경환. 『종교사회학』. 파주: 서광사, 1990.

윤평중. "공동체주의 윤리 비판." 「철학」 76권 (2003): 233-261.

은영준. "'개신교 연애 담론'과 개신교적 주체의 구성: 청년 개신교 신자와의 심층 인터뷰를 중심으로." 연세대학교 커뮤니케이션대학원 석사학위논문, 2019.

이경선 · 하도균. "가나안 성도의 교회 이탈 특징에 따른 효율적인 전도전략 연구." 「영산신학저널」 48권 (2019): 365-398.

이병태 · 우대식. "찰스 테일러의 개인주의 정당화에 관하여 — 개인주의의 재정의, 그리고 '대화' 개념을 중심으로." 「시대와 철학」 29권 3호 (2018): 163-198.

이봉석. "개신교인의 의식조사를 통해 알아 본 경제윤리와 혐오 사이의 상관관계 연구."「기독교사회윤리」 44권 (2019): 117-150.

이상길.「아틀라스의 발: 포스트식민 상황에서 부르디외 읽기」. 서울: 문학과지성사, 2018.

이상숙. "중년의 종교성 잠재계층과 영성, 생산성, 사회적 관심, 삶의 만족 관계." 단국대학교 대학원 박사학위논문, 2016.

이숙진. "최근 한국 기독교의 아버지 담론에 대한 비판적 성찰: '착한' 가부장주의를 중심으로."「종교문화비평」 22권 (2012): 209-237.

이원규.「종교사회학의 이해」. 서울: 나남, 1997.

_____.「한국교회 무엇이 문제인가?」. 서울: 감리교신학대학교 출판부, 2005.

_____.「종교사회학의 이해」. 파주: 나남, 2015.

이은석. "복음화 2000-1990년대 한국 천주교회의 냉담자 현황."「우리신학연구소」 384호 (1999): 22-24.

이은영. "신자유주의와 1990년대 이후 한국 대형교회의 변화." 연세대학교 대학원 석사학위논문, 2007.

이종원. "세월호 참사와 공감의 윤리."「기독교사회윤리」 46권 (2020): 45-75.

이종일. "정치적 올바름의 개념과 논쟁 범위 고찰."「사회과교육연구」 23권 2호 (2016): 1-18.

이주희. "[기획특집] 유리천장, 어떻게 깰 것인가."「젠더리뷰」 (2017): 26-33.

이진구.「한국 개신교의 타자인식」. 서울: 모시는사람들, 2018.

_____. "종교권력으로서의 개신교."「황해문화」 99호 (2018): 49-68.

_____. "신자유주의 시대의 자기계발과 복지: 한국 개신교 공간의 번영복음을 중심으로."「종교문화비평」 37 (2020): 124-158.

이창기. "1903-1907년 한국 부흥운동 결과에 관한 연구."「신학지평」 18권 (2005): 334-365.

임영빈·정재영. "한국 무종교인에 관한 연구."「종교연구」 77권 2호 (2017): 65-93.

임영빈. "탈종교화 시대와 종교인구 변동."「한국사회학회 사회학대회 논문집」

(2019): 103-103.

장필조. "한국교회 가나안 성도의 분석과 목회자의 섬김의 리더십을 통한 해결 방안."
「기독교문화연구」 23권 (2018): 35-59.

장형철. "세월호 참사 사건에 대한 기독교 담론 분석."「현상과인식」 39권 3호 (2016):
183-209.

_____. "한국 개신교 보수 진영의 정치 담론 분석."「사회이론」 (2018): 87-124.

전병술. "유교의 종교성 연구."「양명학」 16권 (2006): 161-186.

정양모. "한국 가톨릭과 개신교의 대립과 대화."「종교·신학 연구」 5권 (1992): 229-254.

정재영. "근대화와 한국 개신교 — 세속화론을 중심으로."「사회사상과 문화」 17권
(2008): 27-57.

_____.『한국교회 10년의 미래: 한국교회가 주목해야 할 10가지 어젠다』. 서울: SFC,
2012.

_____. "'소속 없는 신앙인'에 대한 연구."「현상과인식」 37권 4호 (2013): 85-108.

_____. "종교 세속화의 한 측면으로서 소속 없는 신앙인들에 대한 연구."「신학과
실천」 39권 (2014): 575-606.

_____.『교회 안 나가는 그리스도인: 가나안 성도를 어떻게 이해할 것인가?』. 서울:
IVP, 2015.

정재현.『티끌만도 못한 주제에: '사람됨'을 향한 신학적 인간학』. 칠곡군: 분도, 1999.

_____.『신학은 인간학이다: 철학 읽기와 신학하기』. 칠곡군: 분도, 2003.

정종은. "스튜어트 홀의 문화 정체성 이론 연구." 서울대학교 대학원 석사학위논문, 2006.

주교회의 매스컴위원회.『천주교 용어자료집』. 2011.

정진홍.『경험과 기억: 종교문화의 틈 읽기』. 서울: 당대, 2003.

조창연.『개신교 목회자들의 의식과 교회의 세속화 적응: 한국 개신교 목회자들의
의식과 교회세속주의와의 관계』. 파주: 한국학술정보, 2008.

조희진. "사회문화적 무형자본을 바탕으로 한 '구별짓기'의 양태와 함의."「한국민속학」
51권 (2010): 285-313.

채병관. "한국의 '가나안 성도'와 영국의 '소속 없는 신앙인'에 대한 비교 연구."「현상과

인식」 39권 3호 (2016): 161-182.

채석용. "유교 윤리의 성(聖)과 속(俗)."「예술인문사회융합멀티미디어논문지」 8권
12호 (2018): 477-491.

최영화. "탈종교 세대 SNS 선교 전략." 성결대학교 신학대학원 석사학위논문, 2020.

최종원. "한국 기독교: 시민 종교와 정치 종교 사이에서."『혐오와 한국교회』. 서울:
삼인, 2020.

최진아. "들뢰즈·가타리 철학에서 주체 개념의 의미."「시대와 철학」 30권 2호 (2019):
199-233.

최현종. "세속화." 한국사회학회 편.『21세기 종교사회학』. 서울: 다산출판사, 2013.

탁지일.『이단이 알고 싶다: 미혹되지 않기 위해 알아야 할 이단의 모든 것』. 파주:
넥서스, 2020.

한국기독교역사학회.『한국 기독교의 역사. 1』. 서울: 기독교문사, 2011.

한국기독교역사학회.『한국 기독교의 역사. 2』. 서울: 기독교문사, 2012.

한나현. "후기근대에서의 '종교적인 것'의 사회적 구성: 한국 대학생의 종교와 삶의
의미." 서강대학교 대학원 석사학위논문, 2018.

한내창. "Allport & Ross의 I/E 종교성 척도 평가."「원불교학」 5권 (2000): 257-288.

_____. "우리문화에서 I/E 및 기타 종교성 척도."「한국사회학」 35권 6호 (2001):
193-215.

_____. "동서양 문명에서 종교성."「종교연구」 36권 (2004): 173-204.

허철행. "신자유주의의 역사적 전개와 이론적 근거."「지방과 행정연구」 13권 1호
(2001): 87-118.

홍훈. "마르크스에 있어서 사회관계와 물리적 비율의 갈등."「마르크스주의 연구」 3권
2호 (2006): 230-265.

황광민. "불교적 종교성과 정토신행이 노인들의 죽음태도에 미치는 영향." 중앙승가대
학교 대학원 석사학위논문, 2016.

외국어 문헌

Beck, U. *Der eigene gott: von der friedensfähigkeit und dem gewaltpotential der religionen.* 2008. 홍찬숙 역.『자기만의 신: 우리에게 아직 신이 존재할 수 있는가』. 서울: 길, 2013.

Berger, P. L. *The social reality of religion.* 1969. 이양구 역.『종교와 사회』. 서울: 종로서적, 1981.

_____. *(The) desecularization of the world: Bresurgent religion and politics.* 1990. 김덕영·송재룡 역.『세속화냐 탈세속화냐: 종교의 부흥과 세계 정치』. 서울: 대한기독교서회, 2002.

Borg, M. & Crossan, J. D. *(The) first Paul: reclaiming the radical visionary behind the Church's conservative icon.* 2009. 김준우 역.『첫 번째 바울의 복음: 급진적인 바울이 어떻게 보수 신앙의 우상으로 둔갑했는가?』. 고양: 한국기독교연구소, 2010.

Bourdieu, P. *(La) distinction: critique sociale du jugement.* 1979. 최종철 역.『구별짓기: 문화와 취향의 사회학. 上』. 서울: 새물결, 2005.

_____. "The social space and the genesisnof groups." *Thoery and Society* 14 (6) (1985): 723-744.

_____. "What makes a social class?" *Journal of Sociology* 32 (1987): 1-17.

_____. *An invitation to reflexive sociology.* 1992. 이상길 역.『성찰적 사회학으로의 초대: 부르디외 사유의 지평』. 서울: 그린비, 2015.

Brown. C. *Highly sensitive: Understanding your gift of spiritual sensitivity.* 2010. 김광석 역.『영혼을 살리는 민감함: 하나님이 주신 특별한 선물』. 서울: 순전한나드, 2013.

Collins, R. *Interaction ritual chains.* 2004. 진수미 역.『사회적 삶의 에너지: 상호작용 의례의 사슬』. 파주: 한울, 2009.

Durkheim, É. *Les formes élémentaires de la vie religieuse: le système totémique en Australie.* 1912. 민혜숙·노치준 역.『종교생활의 원초적 형태』. 파주: 한길사,

2020.

Elliott, A. *Contemporary social theory: An introduction.* 2nd ed., 2007. 김봉석·박치현 역. 『현대사회이론의 모든 것: 프랑크푸르트학파부터 지구화론까지』. 서울: 엘피, 2020.

Foucault, M. *L'archéologie du savoir.* 1969. 이정우 역. 『지식의 고고학』. 서울: 민음사, 2000.

Geertz, C. *The interpretation of cultures: Selected essays.* 1973. 문옥표 역. 『문화의 해석』. 서울: 까치, 1998.

Glock, C. Y., & Stark, R. *Religion and society in tension.* Chicago: Rand McNally, 1965.

Grenz, S. *20th Century theology: God & the world in a transitional age.* 1992. 신재구 역. 『20세기 신학』. 서울: 한국기독학생회 출판부, 1997.

Guinness, O. *Unspeakable: Facing up to evil in an age of genocide and terror.* 2005. 조계광 역. 『고통 앞에 서다』. 서울: 생명의말씀사, 2008.

Harvey, D. *(A) brief history of neoliberalism.* 2005. 최병두 역. 『신자유주의: 간략한 역사』. 파주: 한울, 2007.

Hall, S., Held, D. & McGrew, T. *Modernity and its futures.* 1992. 전효관·김수진 역. 『모더니티의 미래』. 서울: 현실문화연구, 2000.

Hall, S. *Stuart Hall: Critical dialogues in cultural studies.* 1996. 임영호 역. 『문화, 이데올로기, 정체성: 스튜어트 홀 선집』. 서울: 컬처룩, 2015.

Lewis, C. S. *The problem of pain.* 1940. 이종태 역. 『고통의 문제』. 서울: 홍성사, 2005.

Luckmann, T. *(The) invisible religion: The problem of religion in modern society.* 1967. 이원규 역. 『보이지 않는 宗敎』. 서울: 기독교문사, 1982.

Marx, K. *Zur Kritik der Hegelschen Rechtsphilosophie.* 1844. 강유원 역. 『헤겔 법철학 비판』. 서울: 이론과 실천, 2011.

Mark, N. *The scandal of the evangelical mind.* 1994. 박세혁·정성욱 역. 『(복음주의) 지성의 스캔들』. 서울: IVP, 2010.

Procter, J. *Stuart hall.* 2004. 손유경 역. 『지금, 스튜어트 홀』. 서울: 엘피, 2006.

Taylor, C. *The malaise of modernity*. 1991. 송영배 역. 『불안한 현대사회: 자기중심적인 현대 문화의 곤경과 이상』. 서울: 이학사, 2019.

_____. *Varieties of religion today: William james revisited*. 2002. 송재룡 역. 『현대종교의 다양성』. 서울: 문예출판사, 2015.

_____. *A secular age. Cambridge*. MA: Harvard University Press, 2007.

Weber, M. *The sociology of religion*. Boston: Beacon Press, 1922.

Willis, P. E. *Learning to labor: How working class kids get working class jobs*. 1977. 김찬호·김영훈 역. 『학교와 계급재생산: 반학교문화, 일상, 저항』. 서울: 이매진, 2004.

Wuthnow, R. *After heaven: Spirituality in america since the 1950s. California*. CA: Univ of California Press, 1998.

기사 자료

김성호. "신앙의 힘도 흔든 코로나… '탈종교 가속화'." 「서울신문」 2020. 5. 12. (URL) https://www.seoul.co.kr/news/newsView.php?id=20200512500122&wlog_tag3=naver#csidx7a2706eeec41892844e356aae127081

김성호. "'종교에만 기댈 수 없어… 탈종교 시대 걷게 된다'." 「서울신문」 2020. 5. 13. (URL) https://www.seoul.co.kr/news/newsView.php?id=20200513026003&wlog_tag3=naver

류영모. "'한국교회의 변화, 말씀의 능력으로'." 「한국기독공보」 2019. 10. 3. (URL) http://www.pckworld.com/article.php?aid=8247523268

박해식. "조계종, 한국 불교 사상 첫 '천막 동안거'… 스님 9명, 석 달간 정진." 「동아일보」 2019. 11. 7. (URL) http://www.donga.com/news/article/all/20191107/98254811/2

신성민. "불교·기독학자, '탈종교' 화두를 들다." 「현대불교」 2017. 7. 13. (URL) http://www.hyunbulnews.com/news/articleView.html?idxno=292411

신태진. "성서신학·조직신학적 관점 통한 이단 분별법 강연." 「크리스천투데이」 2011.

7. 20. (URL) https://www.christiantoday.co.kr/news/248630

원철. "코로나가 말했다, 종교자유보다 생명이 우선이라고." 「한겨레」 2020. 4. 28.
    (URL) http://www.hani.co.kr/arti/well/well_friend/942291.html#csidxb98
    3569845d0ff1bf7835326a6e8171

이상윤. "[교회용어 바로 알기] '성경'과 '성서'." 「국민일보」 2018. 11. 1. (URL)
    http://news.kmib.co.kr/article/view.asp?arcid=0924026256&code=231111
    13&sid1=mis

온라인 자료

옥성득. "성경인가? 성서인가?." 2020. (URL) https://koreanchristianity.tistory.com/805
조성돈. "'가나안 성도'를 통해 본 현대인의 영성." 2013. (URL) http://m.amennews.
    com/news/articleView.html?idxno=12634